伝わる！
ロジカル
文章術

レポートの質を極める

How to
write a report
effectively

酒井浩二
Koji Sakai

ナカニシヤ出版

はじめに

本書の目的

　本書は，各専門分野でレポートを作成するために必要な技法と活用力を修得するための，ロジカルシンキングの教科書である。筆者は，所属大学の専門課程の授業科目「ロジカルシンキング」（2・3年次配当，15回）を，2016年〜2020年度の5年間担当した。その5年間の授業担当経験を活かし，学生が理解しやすくレポート等の学修成果物を効率的に向上させることができるように，また教員が安心して「ライティング」などの授業運営ができるような教科書を目指した。一方，独学で学修したい学生や社会人の読者も想定している。本書の中には，たとえばレポートを共有して相互に評価したり，添削を加えたりする内容もあるが，そうした評価や推敲の作業は知人どうしでレポートを共有したり，周囲の詳しい人に添削を依頼したりするなどにより実践可能である。

本書の位置づけ

　図Aの傍線部は，本書の位置づけである。レポート作成の技法は，大学の年次進行とともに高くなる。概して，大学1・2年次では専門分野に依存せず汎用的なレポート技法，3・4年次では専門分野に特化したレポート技法を要する。多くの大学で，初年次教育の一環でレポート作成を訓練する授業があり，3・4年次は専門ゼミで専門研究レポートや卒業論文の作成の指導を受ける。

　2021年の現在，1年次のレポート作成に関する良書は多く，4年次の卒業論文作成に関する図書もいくつか出版されている。しかし，2・3年次で課される専門課程で作成すべきレポート技法に関する授業は多くの大学でそれほど多くはなく，それに関する文献も少ない。2・3年次で専門分野を深く理解し，レポート等の成果物を高い水準で作成するために，ロジカルシンキングの技法とその活用力を修得することが4年次の卒論に向けて重要となる。本書は，図

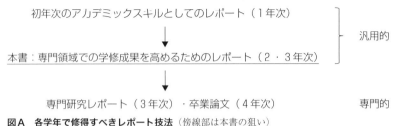

初年次のアカデミックスキルとしてのレポート（１年次）

本書：専門領域での学修成果を高めるためのレポート（２・３年次）

専門研究レポート（３年次）・卒業論文（４年次）

汎用的

専門的

図A　各学年で修得すべきレポート技法（傍線部は本書の狙い）

Aのように，初年次で基礎的なレポート作成法を理解した前提で，どの専門領域のレポート執筆においても活用できる汎用的なロジカルシンキング技法を説明する。

本書の特徴

　本書の特徴は，２つある。１つめは，第Ⅰ部でロジカルシンキングの技法を身につけ，第Ⅱ部でその技法をレポート作成に活用する二部構成で説明し，演習を課している点である。第Ⅰ部で情報収集と読解の基礎を修得し，ロジカルシンキング技法を理解して演習する。そして，第Ⅰ部で修得したロジカルシンキング技法をレポート作成で活用する実践力を第Ⅱ部で高める。本書では，多様なロジカルシンキング技法を修得することではなく，基礎的な技法をレポート等の執筆にしっかり活用できるようになることに重点をおいている。

　２つめは，各章で，ロジカルシンキング技法やレポート作成について説明し，その章の内容を定着させるために練習問題をおいている点である。各章を読むだけでは，その内容の理解を深めて実際に活用できるようにはならない。各章の練習問題に取り組むことで，各章の内容を再読して理解度や活用力を高めることができる。

目　　次

第II部　レポート作成へのロジカルシンキング技法の活用

ガイダンス

①本書の全体構成，学修内容，学修方法を理解する。

②本書全体の学修により何ができるようになるか理解する。

③本書で学修する動機づけを高める。

　本章はガイダンスで，ロジカルシンキングの定義，意義，位置づけや，本書（本授業）の構造，15回分授業計画，各章での演習課題などについて説明する。

1.1　ロジカルシンキングとは？

　「ロジカルシンキング」は，日本語では「論理的な思考」であり，本書は「筋道立てて考えること」と定義する。レポート，プレゼンテーション，会話など多様なコミュニケーション場面で，外部から情報を収集したうえで，主張と根拠，原因と結果，事実どうしの関連性など，筋道立てて考えた自己表現が必要となる。

1.2　ロジカルシンキングが必要な理由

　図1.1は，コミュニケーション時に必要となるロジカルシンキングの位置づけで，傍線部が本書で修得を目指す部分である。考えるうえで，自分の頭の中にある知識だけではなく，外部の情報も収集する。そして，収集した情報を論理的に思考し，感情・感性を通じて理解して，アウトプットとして自己表現する。ただし，自己表現した内容を相手に的確に伝えるためには，「人を見て法

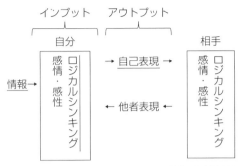

図1.1　二者間のコミュニケーションの流れ図（傍線部は本書で扱う内容）

を説け」のように，本来は相手の論理的思考や感情・感性も理解する必要がある。たとえば，自己表現する内容に詳しいか詳しくないか，相手が関心を持っているか持っていないか，などにより自己表現の仕方を変える必要がある。本書は，レポート作成者の感情・感性や，レポートを読む相手が誰であるかは想定せず，図1.1の傍線部である情報のインプットとロジカルシンキング，アウトプットとしての自己表現に焦点を当てて説明する。

1.3　ロジカルシンキングと4技法の関係

　図1.2は，図1.1の傍線部の情報収集，論理的思考，自己表現を，①〜④の4つの技法に置き換えたものである。本書は，インプットとしてリーディングに基づく情報，アウトプットとしてライティングによるレポートというように，文章の処理に絞って説明する。

　本書では扱わないものの，インプットとしてヒアリング，アウトプットとし

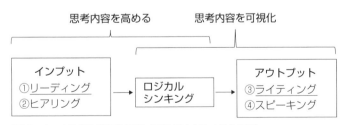

図1.2　4つの技能と論理的思考（傍線部は本書で扱う内容）

てスピーキングも非常に重要である。以下，簡潔に説明する。

ヒアリング

　インプットは，視覚中心のリーディングだけではなく，聴覚に基づくヒアリングも重要である。専門学修の場合，聴覚，視覚の両方の入手経路からの学修が重要になる。講義の場合，講義資料を視覚で捉えて講義の要点を把握し，講師の音声を聴覚で捉えて資料に関する詳細を理解する。講義，会話，TV，YouTube 動画等，視覚情報の有無にかかわらず，音声で学ぶときの共通する重要な学修態度・行動は，以下の 3 点である。

　①**傾聴する**：話者の話を真摯に傾聴する姿勢，態度が重要である。

　②**記録する**：聞いた話を記録することで，後で見直すことができる。また，書くことでさらに思考を深めることができる。

　③**復習する**：上記①，②のプロセスで，理解できなかった点，疑問に思った点などを文献，ウェブ等で調べる。

スピーキング

　アウトプットとして，ライティングだけではなく，スピーキングも重要になる。スピーキングとして，以下の 3 つの口頭発表形態が重要になる。

　①**発表（プレゼンテーション）と質疑応答**：学修した内容を相手に分かりやすく説明したり，納得してもらえるように訴求したりする。また，発表後に質問を受けたときに回答，説明する。逆に，相手の発表を視聴した後，質問，コメントする。

　②**議論（ディスカッション）**：論題について，会議メンバーの発言を聞いて理解し，それと関連づけて自分の意見等を発言する。

　③**討論（ディベート）**：論題について，賛否のいずれかの立場に立って，自分の立場の主張と根拠を述べたり，相手の根拠の不備を批判したりする。

　スピーキングの評価は，言語に基づく話す内容である「論理」と，非言語に基づく話し方である「感情・感性」の相互作用で決まる。後者として，感情を込める，非言語な表現力（表情，視線，声の抑揚，身振り等），発話の大きさや速度，などがある。ライティングの場合より，相手が誰かを意識したアウト

プットが重要になる。

1.4 ロジカルシンキングの「技法」と「活用」

　上の4技法のいずれの学修でも方法論があり，ロジカルシンキングの修得においても同様である。その方法論として，本書は図1.3のように，第Ⅰ部でロジカルシンキング技法を説明，演習する。そして，第Ⅱ部で，第Ⅰ部を復習しながら技法を活用したレポートを作成する。そして，第Ⅰ部と第Ⅱ部の学修を振り返り，第Ⅰ部のロジカルシンキング技法の定着と今後の活用力の向上を図る。

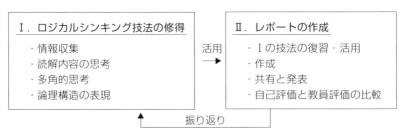

図1.3　技法の修得とレポート作成の取り組みに関する本書の構成

　第Ⅰ部のロジカルシンキングの技法と第Ⅱ部のレポートでの活用は，学修の次元が異なる。技法が完全にできても，活用ができるとは限らない。たとえば英語の学習で，文法を完全に身につけても，必ずしもすらすらと英作文ができるわけではない。英作文の中で，適切に文法を活用できるように英作文の練習を要する。英語の学習の目的の1つは，文法に詳しくなることではなく，文法を使って適切な英作文を作成できるようになることである。これと同様で，ロジカルシンキングの技法を完全に身につけたとしても，その技法をレポート等で必ずしも適切に活用できるわけでない。むしろ，難易度の高い技法ほど活用が難しくなる。本書では，第Ⅱ部のレポート作成でロジカルシンキングの技法の活用方法を明示的に説明する。より適切に活用できるように技法を復習することで，技法の確かな定着と技法の活用力の向上につながる。

1.5　各授業回で取り組む章・節

　本書は，セメスター科目15回分の授業を想定している。表1.1は，各授業回で取り組む章・節の計画表である。ただし，このとおりではなくても，柔軟に計画を変更してもよい。

表1.1　各授業回で取り組む章・節の計画表

授業回	1	2	3	4	5	6	7	8	9	10	11	12	13	14	15
章（節）	1	2	3	4	5	6	7	8	9 / 10.1〜10.3	10.4〜10.6	11	12	13	14	15 16

1.6　各章で取り組む練習問題

　本書では，各章で学んだ内容の定着，深い思考，活用力の向上などを目的に，以下の2つに取り組み，ファイルを分けて保存していくことを課す。そして，最終章の第16章で全章分の取り組み内容を振り返り，学修の過程や成果を確認し，今後の技法の向上につなげる。

　①練習問題

　各章で説明した技法等について理解を深め，その活用力を身につけるために，練習問題に取り組む。各章の練習問題の番号は，「章の番号－練習問題の連番」として設定している。練習問題の取り組みは，たとえば「練習問題1－1」などの連番をつけて，1つの電子ファイルに保存していく。

　②振り返りシート

　表1.2は，本書の各章で作成する振り返りシートの一部で，第1章の振り返り例である。各章の「取り組み内容」と「取り組みを通じた修得内容，気づき，疑問，質問など」の2点について，各章の取り組み内容を振り返って，1つの電子ファイルに保存していく。

　練習問題で取り組んだ作成内容についての振り返りや評価は，授業担当教員がよくできた提出物を次の授業回で紹介することや，あるいは学生どうしで振り返りなどを共有することで効果があるだろう。学生が互いに参考にしあい，

表1.2　振り返りシートの一部

章	取り組み内容	修得内容，気づき，疑問，質問など
1	今回は初回ということで，ガイダンスがあり，授業の説明を受けた。演繹法と帰納法，ロジックツリー，プロセス図，マトリクス図という技法について知った（今後の授業では，各技法を1つずつ取り上げて学んでいくとのこと）。第1回授業の課題である，この振り返りシートの作成に取り組み，自分の学びが目に見えてよかった。	「ロジカルシンキング」とは，論理的思考という意味であると学んだ。ロジカルシンキングに必要な技法を学ぶだけではなく，その学びを活用できるようになって初めて，ロジカルシンキングが身についたと言えるのではないかと感じた。まずは，基礎的な技法を学び，次に小論文を作成し，最後に，スライド発表するという3段階になっているこの授業は，すべての回が発表の準備につながるので，1つ1つ着実におさえていきたいと思った。この授業での学びは，卒業論文を書く際にも役立つことだと思うので，今後のためにも丁寧に取り組んでいきたいと思った。
…	…	…
16		

（許諾を得て学生レポートを本書に掲載）

さらに熱心に練習問題に取り組むことへの動機づけにつながる。

練習問題

1-1　特定テーマについて深く思考するために，現在どのような技法や方法を使ってレポート等を作成しているかを書きましょう。

1-2　表1.2を参考に，本章の振り返りシートを作成しましょう。

第Ⅰ部
ロジカルシンキングの技法

第Ⅰ部では，各章で紹介するロジカルシンキング技法を理解して練習問題に取り組み，振り返りシートを作成する。

2

情報収集

本章の目標

①学術論文検索サイトCiNiiの利用方法を理解して，今後活用できる。

②多様な白書の存在を理解し，必要な時に該当する白書を活用できる。

③総務省統計局の統計，データベース，分析結果の収集方法を理解して，今後活用できる。

④日経BP記事検索サービスの利用方法を理解して，使える環境であれば今後活用できる。

本章のあらすじ

　人は食物を摂取して心身が成長する。社会に存在する膨大な食物から，現在・将来の自分にどのような食物が必要であるかを考えて選択して摂取する。これとまったく同様，人は外部情報を五感で収集して，ロジカルシンキングを通して成長する。自分の成長にとって，本書であればレポートの作成にとって，どのような情報が必要かを考えて選び取る必要がある。本章では，大学でよく使う文献やデータが収蔵されているデータベースのウェブサイトを紹介する。

2.1　論文検索サイトCiNii

　大学2年次以上では学術論文を講読する。学術論文は，特定の学問分野での研究をまとめた専門的な文書である。概して言えば，学術論文は市販の図書より専門性が高く，制限があるためページ数の分量も少ない。たとえば年4回など定期的に発行される学術雑誌の1回分には，複数の論文が編集され収録されている。学術論文は，査読あり，査読なしに分かれる。査読ありの論文では，

　たとえば2名など複数の査読者と編集委員会の審査を経て採択され発行されているため，高い学術性が担保されている。

　図2.1は，学術雑誌の検索サイトCiNii（サイニー）の検索画面である。「すべて」「本文あり」のいずれかを選択し，検索のための空欄にキーワードを入れて検索ボタンを押すと，該当する複数の論文が検索結果として出力される。「すべて」は公開されている論文すべてが，「本文あり」はこのウェブサイト上からpdf形式で参照可能な論文のみが検索結果として出力される。「すべて」で検索の場合，オンライン上からpdf等で参照できない論文が検索される。その論文を参照したいときは，所属大学の図書館等からその論文を所蔵している機関へ要請して論文を取り寄せるのが一般的である。「本文あり」で検索した場合でも，学術雑誌を発行している学会等の方針により有料あるいはIDパスワードを要する学術論文も一部ある。

図2.1　学術雑誌の検索サイトCiNii（サイニー）の検索画面
（画像はCiNiiのホームページより引用）

学術論文の出典の記載方法

　学術論文の出典に関して，記載する必要がある情報とその記載例は以下のとおりである。ただし，出典の表記方法は専門分野により異なり，学修する専門分野にならうのがよい。

　　著者名，出版年号，論文タイトル，学術雑誌名，○巻，ページ番号

　　例：酒井浩二，阿部一晴 2020 授業の到達目標の達成度評価と成績との関連性分析．教育システム情報学会研究報告，33巻，pp. 229-234.

2.2　白　書

　白書は，政府の各省庁による行政活動の現状や対策・展望などを国民に知らせるための報告書である。表2.1は，白書一覧である。白書には以下の特徴がある。①50種類もの領域の白書がある。どのようなレポートテーマでも，いずれかの白書に引用可能な情報が記載されていると考えられる。②毎年度発行されている。そのため，経年比較が可能である。③膨大な費用をかけて調査・制作・編集され，情報の信頼性が高い。多くの調査データ結果も図表等により掲載されている。④分量が多く詳細である。レポートの題目に関する詳細な情報を理解できる。⑤白書は，紙媒体でも発行されているが，オンラインで公開され参照できるため，情報収集の労力が少ない。

　これらの特徴から，レポート等の作成時に白書を活用する利点は大きく，つねに白書を確認する習慣づけが望ましい。

表2.1　白書一覧（首相官邸「資料集」の「白書」のホームページより引用．太字は関係省庁）

内閣官房　水循環白書	**金融庁**　金融庁の1年	**農林水産省**　食料・農業・農村白書　食育白書	**海難審判所**　レポート海難審判
人事院　公務員白書	**消費者庁**　消費者白書	**林野庁**　森林・林業白書	**運輸安全委員会**　運輸安全委員会年報
内閣府　経済財政白書　原子力白書　防災白書　子ども・若者白書　（旧青少年白書）　少子化社会対策白書　高齢社会白書　障害者白書　交通安全白書　男女共同参画白書　国民生活白書	**総務省**　地方財政白書　情報通信白書　**公害等調整委員会**　公害紛争処理白書　**消防庁**　消防白書　**法務省**　犯罪白書　人権教育・啓発白書　**外務省**　外交青書　**文部科学省**　科学技術白書　文部科学白書　**厚生労働省**　厚生労働白書　労働経済白書　自殺対策白書　過労死等防止対策白書	**水産庁**　水産白書　**経済産業省**　通商白書　製造基盤白書　（ものづくり白書）　**資源エネルギー庁**　エネルギー白書　**特許庁**　特許行政年次報告書　**中小企業庁**　中小企業白書　小規模企業白書　**国土交通省**　国土交通白書　土地白書　首都圏整備に関する年次報告（首都圏白書）　交通政策白書	**観光庁**　観光白書　**環境省**　環境白書・循環型社会白書・生物多様性白書　**防衛省**　防衛白書
公正取引委員会　独占禁止白書			
警察庁　警察白書　犯罪被害者白書			
個人情報保護委員会　年次報告			

白書の出典の記載方法

オンラインでアクセスの場合，白書の出典として記載する必要がある情報と
その記載例は以下のとおりである。

白書名，ウェブサイト，参照日

例：情報通信白書 令和 2 年版

https://www.soumu.go.jp/johotsusintokei/whitepaper/index.html

（参照日：2021 年 2 月 12 日）

2.3　政府統計の総合窓口「e-Stat」

e-Statでは，公的統計が公開されている。公的統計とは，国や地方公共団体
（都道府県・市町村）によって実施される公的な統計調査である。企業等が実
施する民間統計とは異なり，公的統計は行政利用だけではなく社会全体で利用
される情報基盤として位置づけられている。学生，社会人を含め，最大限に
e-Stat を有効活用することが望ましい。

図2.2は，政府統計の総合窓口「e-Stat」のホームページである。活用方法
は多様である。たとえば，キーワード検索で全統計から該当する統計を検索で
きる。また，「分野」をクリックすると図2.3の画面になり，17の分野から該当
する分野内の統計を選ぶことができる。さらに，「グラフ」をクリックすると
図2.4の画面になり，国や民間企業等が提供している主要な統計データがグラ

図2.2　政府統計の総合窓口「e-Stat」のホームページ （画像はe-Statより引用）

フで収集できる。

　e-Statを使いこなすうえでは，統計，データサイエンスの基礎知識を要する。
この修得のために，総務省統計局独立行政法人統計センターが提供する，デー
タサイエンス・オンライン講座「誰でも使える統計オープンデータ」の学修が
望ましい。操作面は，ヘルプメニューの中の「操作解説」で詳しく説明されて
いる。

e-Statの出典

　e-Statで検索された統計の出典に関して，記載する必要がある情報とその記
載例は以下のとおりである。

　　調査名，ウェブアドレス，参照日

　　例：旅行・観光消費動向調査（平成30年3月承認）

　　https://www.e-stat.go.jp/surveyplan/p00601010001/rev/sp001　（参

図2.3　e-Stat内の分野ごとの統計（画像はe-Statより引用）

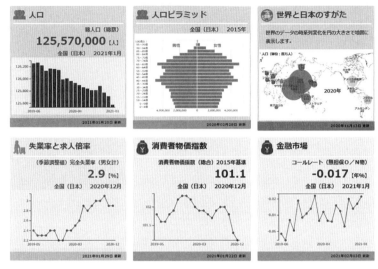

図2.4　e-Stat内のグラフによる統計（画像はe-Statより引用）

照日：2021年7月20日）

2.4　日経BP記事検索サービス

　日経BP記事検索サービスは，日経BP社が発行する雑誌のバックナンバー記事をオンラインでpdf形式等により参照，ダウンロード，印刷できる有料サービスである。雑誌として，『日経ビジネス』『日経サイエンス』『日経ウーマン』『日経トップリーダー』など50種類以上あるため，経済学，工学，心理学など多様な学問分野に関する実用的な文書を参照できる。たとえば『日経ビジネス』であれば，1969年から最新の年号の記事まで参照できる。1つの記事の分量は，2ページと短い記事もあれば，10ページ以上の長い記事もあり，レポート等を作成する際の引用文献として非常に使いやすい。レポート題目を決めたうえでの引用文献の収集や，レポート題目を決めるために探索的に情報収集したいときなど，多様な使い方が可能である。現在，多くの大学図書館などが契約し，所属の大学生はオンラインでこのサービスを利用できる（ただし，契約していない大学の場合，このサービスを利用できない）。

　図2.5は，日経BP記事検索サービスのホームページである。検索欄内にキー

図2.5 日経BP記事検索サービスのホームページ(画像は日経BP記事検索サービス(アカデミック版) より引用)

ワードを入れると関連する記事が検索され，記事をクリックするとpdf等により参照できる。

日経BP記事の出典

　日経BP記事検索サービスで検索された記事の出典に関して，記載する必要がある情報とその記載例は以下のとおりである。

　　記事名，雑誌名，年号，巻号，ページ番号

　　「セラピーロボットがアザラシ型である理由」，『日経デザイン』，2004年，11号，pp.98-99.

練習問題

2-1　CiNii，白書，e-Stat，アクセス可能な場合は日経BP記事検索サービスのそれぞれのホームページから，関心のある文献を1つずつ情報検索して出典を記載しましょう。

2-2　表1.2を参考に，本章の振り返りシートを作成しましょう。

3

読解内容の思考

①文章中の中心的主張を読み取り，必要な文字数で的確に要約できる。
②文章中の要点を的確にまとめたレジメを作成できる。
③クリティカルリーディングの技法を理解し，今後活用できる。

　2章で情報収集した文献の要点を必要に応じて読解してまとめることは，的確なロジカルシンキングにつながる。要点をまとめる方法として，要約，あるいはレジメにまとめることが多い。さらに，より批判的に多角的に文献を読むことも，クリティカルシンキングのうえで重要になる。本章では，要点のまとめの方法として要約とレジメ作成，批判的な読解法としてクリティカルリーディングの技法を修得する。

3.1　要　約

　野矢（2017）は，文書を木に喩えている。木の根元が問いかけや導入，幹は筆者の中心的主張であり，枝が根拠，具体例，解説，補足，繰り返しなどである。そして，以下のように要約の重要性について述べられている。要約では，文章の枝葉を切り取り，幹である中心的主張を残す。要約の練習により，言葉の重みに対する感覚が鍛えられ，メリハリのある読み方ができるようになる。言葉の重みは，重いか軽いかの二択ではなく程度の差があるため，何通りかの文字数で異なる要約文を作るのがよい練習になる。たとえば，200文字の要約であれば残す部分も，100文字の要約では削ることになる。また，たとえば中

心的主張の根拠は，要約の文字数次第で残すかどうかケースバイケースで判断する。

表3.1は要約の例である。2.4節で紹介した日経BP記事検索サービスで検索した文献について，多様な文字数での要約を記載している。この記事の場合，題目の文末が「…である理由」となるため，その理由が前段で述べた「中心的

表3.1　多様な文字数での要約の例（傍線部は，要約の文字数の増加に伴う加筆部分）

文献の出典
日経BPの記事「セラピーロボットがアザラシ型である理由」，日経デザイン，2004年，11号，pp.98-99

35文字以内で要約
「アザラシは日本人にとって身近でないため，かわいいイメージを抱きやすい。」（35文字）

50文字以内で要約
「アザラシは日本人にとって身近でないため，<u>本物との比較がしにくく</u>，かわいいイメージを抱きやすい。」（47文字）
　　傍線部分：アザラシが身近でないことが，かわいいイメージ喚起につながる根拠

100文字以内で要約
「アザラシは日本人にとって身近でないため，本物との比較がしにくく，かわいいイメージを抱きやすい。<u>一方，ネコ型ロボットの場合，実際の猫と比較して触り心地の違いから，好意的な反応が得られにくい。</u>」（94文字）
　　　　傍線部分：ロボットと本物の比較がしにくい動物ロボットが重要となる根拠

150文字以内で要約
「アザラシは日本人にとって身近でないため，本物との比較がしにくく，かわいいイメージを抱きやすい。一方，ネコ型ロボットの場合，実際の猫と比較して触り心地の違いから，好意的な反応が得られにくい。<u>人と触れ合うロボットには，安全性や動きの美しさ，ユーザーの心理的障壁を取り除くなどのデザインが必要である。</u>」（147文字）
　　　　傍線部分：人に評価されるための，アザラシ型ロボットのデザインの特徴

200文字以内で要約
「アザラシは日本人にとって身近でないため，本物との比較がしにくく，かわいいイメージを抱きやすい。一方，ネコ型ロボットの場合，実際の猫と比較して触り心地の違いから，好意的な反応が得られにくい。<u>質問紙調査で，介護施設に住む高齢者がパロと触れ合うことでポジティブな感情や行動が促進される結果が得られた。</u>人と触れ合うロボットには，安全性や動きの美しさ，ユーザーの心理的障壁を取り除くデザインが必要である。」（197文字）
　　　　傍線部分：高齢者がアザラシ型ロボットをポジティブ評価した研究知見

主張」となる。表3.1の要約例では，この中心的主張を含めつつ，要約の文字数が増えた場合に根拠，解説など増やした文章を傍線で示している。

3.2　レジメ

　大学では，文献の要点や，調査・分析の結果などをレジメにまとめて発表することが多い。レジメは，指定された形式，分量，発表時間等に基づいて作成する。レジメの書き方は多様であり，特別に決められた形式はない。

　表3.2はレジメの一例である。レジメ冒頭に，授業科目名，発表日付，発表者，発表する文献の出典を記載のうえ，文献等の要点を箇条書きなど手短にまとめる。重要箇所は傍線を引いたりして強調する。3.1節の50文字以内の要約文も，レジメの冒頭に入れている。必要に応じて，図表や画像等も掲載する。レジメの最後に，発表者のコメントや意見等も入れるとよい。

表3.2　レジメの例（レジメの内容は3.1節で紹介した日経BP記事）

「授業科目名」（日付）

発表者　氏名

文献の出典
日経BP記事「セラピーロボットがアザラシ型である理由」，日経デザイン，2004/11号，pp.98-99.

要約
アザラシは日本人にとって身近でないため，本物との比較がしにくく，かわいいイメージを抱きやすい。

・セラピーロボット…動物型ロボットとのふれあいを通じて，楽しみや癒しなど精神的な安らぎを提供することを目的として開発される。

アザラシ型ロボット「パロ」が，産業技術総合研究所とマイクロジェニックスの共同により開発された（8代目）。
ロボット本体には様々な感知センサーが搭載されている。
・撫でられる，たたかれるなど状態の感知
・言葉の理解
・名前を学習
・熱，光，マイク，触覚センサー
・様々な表情の学習機能　など
鳴き声は本物のタテゴトアザラシの鳴き声を使用した。

効果
動物によるアニマルセラピーはストレスなどを軽減させる効果がある。
ロボットを用いることで，噛み付き・アレルギー・人畜感染症・ひっかきなどの心配が解消される。

実証実験
方法…茨城県つくば市介護老人保健施設の利用者に対し，パロとのふれあいでの心理状態の変化を観察。笑顔のイラストから泣き顔まで20スケールのイラストを被験者が選択することで，気分を調べる。

結果
ふれあう前と後で，気分の改善の傾向が見られた。
また，高齢者の鬱状態を調べるGDSの実験でも，導入後は鬱状態の改善が見られた。
尿中に含まれるホルモンの比率からも，ストレスが低減していることが分かった。

アザラシの理由
日本に生息しない＝なじみがないため本物と比較しにくい。かわいいイメージを抱きやすい。
犬や猫といったなじみ深い動物は，過度な期待からさわり心地など実際との差異から好意的な反応が得られにくい。

発表者の意見，疑問点など
・実施のペットを考えると，記事のアザラシ型ロボットは会話機能を持たないことは，物足りなさを感じる一方で自然な印象を持つ。
・記事のアザラシ型ロボットを普及させるには，どのような実用場面が考えられるか？
・地球上に存在しない生物でロボットを作る場合，どのような特徴を持たせるとよいか？

（学生レポートを一部加筆修正し，許諾を得て本書に掲載）

3.3　クリティカルリーディング

　図1.1で示したように，自分の頭の中の知識だけでなく情報を収集しながらロジカルシンキングする。情報は膨大であるため，取捨選択も必要である。また，すべての情報が事実とは限らないため，間違った情報があればそれを正したうえで，さらに適切な情報の収集が必要になる。そのため，外界の情報をそのまま文字どおりに読解するのではなく，情報収集にあたっては批判的に吟味しながら読解することが重要になる。このように，収集する情報への批判的な思考はクリティカルシンキングと呼ばれる。本書の題目であるロジカルシンキングと比較すると，以下の違いがある。

ロジカルシンキング：原因と結果，関連性など筋道立てて思考

クリティカルシンキング：本当にこれでよいか等，疑問を持ちながら思考

　本節では，クリティカルシンキングより前段階の情報処理である，クリティカルリーディングの技法を説明する。文献等の情報に対して，収集者自らが白紙の状態から多角的な観点を設定してクリティカルリーディングするのは難しい。収集する文献が専門的であると，文献等の内容の理解にいっそう注意が向けられ，クリティカルに読解することに注意が向きにくい。一方で，クリティカルに読解する着眼点は，たとえば「……は事実といえるか？」という疑問などのように文献の内容に依存しない枠組みにある。

　表3.3は，苅谷（2002）が「著者とかかわりながら読書するコツ」として提起した，16個の多角的，批判的な読解の観点である。本書ではこれを，「クリティカルリーディングの型」と表現している。苅谷（2002）によれば，いかなる本でも，他の文章になる可能性を切り捨てて今あるかたちを選び取った結果，その文章になっている。そのため，著者の言うままに漫然と読むのではなく，「他の文章になる可能性のあったもの」として活字を追う，つまり，書き手の言い分を鵜呑みにしない読書が重要であると述べている。その鵜呑みにしないため

表3.3　クリティカルリーディングの型（苅谷，2002より16項目を引用）

1．なるほど
2．ここは鋭い
3．納得がいかない
4．どこか無理があるな
5．その意見に賛成だ
6．その意見に反対。自分の考えとは違うな
7．著者の意見は不明確だ
8．同じような例を知っている
9．自分の身の回りの例だとどんなことかな
10．例外はないか
11．見のがされている事実や例がないか
12．これは他の人にも伝えたいエピソードやデータだ
13．もっと，こういう資料が使われていれば議論の説得力が増すのに
14．なぜ，こんなことが言えるのか
15．自分ならこういう言葉を使って表現するな
16．この表現は難し過ぎる

の読み方のコツが，表3.3である。このような型があると，これらの観点に沿ってクリティカルに文献等の情報を読解できる。その結果，図1.1に示す，より深いロジカルシンキングにつながる。

　表3.4は，表3.3のクリティカルリーディングの型を使って，『日本の論点2010』の柳井正氏の記事「安全・安定は，停滞・衰退に同じ。危機意識こそが企業を成長させる原動力」を読解して作成した例である。16個の型があることで，多角的に批判的に記事を読解できる。また，複数の読者と読解の観点を共有でき，議論等が活性化しやすくなる。

表3.4　クリティカルリーディングの型の回答例（読解対象の文献は柳井，2010）

１．なるほど
商品の付加価値をつけることが販売促進につながる。

２．ここは鋭い
「ユニクロ独り勝ち」は，日本市場のみではなく世界市場を相手にしているので適切でない。

３．納得がいかない
危機意識だけではなく，社員が自信をもって業務できる環境づくりも必要である。

４．どこか無理があるな
「グローバル経済の特徴は，あらゆるものに『境界』がなくなること」は，業界次第。たとえば「地産地消」の言葉のように，ローカル経済こそ重要な業界も多い。

５．その意見に賛成だ
会社は不断の改革を行わないと間違いなく衰退する。

６．その意見に反対。自分の考えとは違うな
トップ企業だけが十分な利益を享受し，二番手はそこそこ，三番手はボーダーライン，それ以下は儲からない市場となる。アパレル分野の売上高ランキングではどうか？

７．著者の意見は不明確だ
ユニクロの場合，車や携帯電話がライバルになるという主張は理由が不明確である。

８．同じような例を知っている
「もっとも弱い立場の従業員から先に解雇」は，たとえばパートタイムで勤務の従業員が先に解雇されやすい。

９．自分の身の回りの例だとどんなことかな

産業間の差異がなくなる例は，ファミレスのライバルは，同業の飲食店業界であるファミレスではなく，自宅等で食事する弁当を販売するコンビニである。

10．例外はないか
リーマンショックで，リストラをしていない企業はいかに再建したか？

11．見のがされている事実や例がないか
ユニクロの従業員満足度は高いのか？また労働時間は適正か？

12．これは他の人にも伝えたいエピソードやデータだ
ユニクロは2020年に連結売上高5兆円を達成する目標を設定している。

13．もっと，こういう資料が使われていれば議論の説得力が増すのに
変化に対応して，迅速に組織を変えて業績回復した企業の取り組みの資料があるとよい。

14．なぜ，こんなことが言えるのか
なぜユニクロが高品質カジュアルと言えるか？

15．自分ならこういう言葉を使って表現するな
「つねに危機感をもつべし」→「つねに国内外での顧客満足と社会改善を考え，それをビジネスにつなげる方策を考えるべし」と表現する。

16．この表現は難し過ぎる
「構造不況業種」の用語の意味が理解できないので，自分で調べる。

練習問題

3-1　練習問題2-1で収集した特定の文献について，3.1節の表3.1を参考にして，2種類の文字数で要約を作成しましょう。

3-2　練習問題2-1で収集した特定の文献について，3.2節の表3.2を参考にしてレジメを作成しましょう。

3-3　練習問題2-1で収集した特定の文献について，3.3節の表3.3，表3.4を参考にして，クリティカルリーディングした内容を作成しましょう。

3-4　他の人のクリティカルリーディングの内容と比較してみよう。

3-5　表1.2を参考に，本章の振り返りシートを作成しましょう。

4

多角的思考

授業目標

①マインドマップを理解して，今後活用できる。

②「10個の質問＆回答」の技法を理解して，今後活用できる。

③「疑問の連鎖」の技法を理解して，今後活用できる。

本章のあらすじ

　通常，レポート作成等でテーマが与えられた場合，多様な観点からそのテーマについて考えて，その中から焦点を絞って設定したレポート題目について詳しく論じる。本章では，多様な観点を見出す方法として，マインドマップを説明する。また，多様な観点から多角的に思考する型として，10個の質問＆回答，疑問の連鎖を説明する。

4.1　マインドマップ

　マインドマップは，中心となる概念から自由な思考，アイデアや情報の流れを分岐させる形で描写した図である。頭の中の情報処理プロセスをそのまま紙の上に表現するため，マインドマップ（mind map）と命名されている。

　マインドマップは，文献や講義の内容のアウトラインをまとめる思考の「整理法」や，特定テーマについてブレーンストーミング的に発想やアイデアを広げる「発想法」など，多様な活用方法がある。本節では，発想法としてマインドマップを使う。

　図4.1は，テーマ「超高齢社会での活性化」について，ブレーンストーミング的に浮かんだアイデアをまとめたマインドマップである。メインブランチ(中

心のテーマから伸びた重要な枝）は8項目，サブブランチ（各メインブランチから伸びた枝）は3項目で統一して作成したが，これらの項目数に制約はない。また，各サブブランチからさらに下位の階層のサブブランチが伸びたマインドマップも多い。なお，図4.1の作成には，Edraw社のフリーウェア「MindMaster」を活用した。

リード（2005）によれば，マインドマップを作成する際には以下の12のルールがある。これらのルールを意識して作成するとよい。

1．無地の紙を使う。
2．横長で使う。
3．中心から描く。
4．テーマはイメージで書く。
5．1つの枝に1つの言葉で書く。枝（ブランチ）と言葉（ワード）の長さをそろえる。
6．言葉は単語で書く。
7．枝（ブランチ）は曲線で書く。
8．強調する。
9．関連づける。
10．独自のスタイルで。

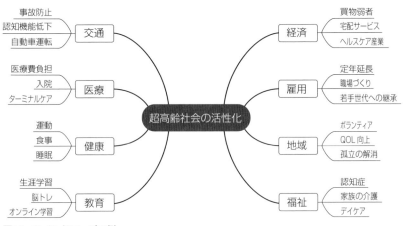

図4.1　マインドマップの例

11．創造的に。

12．楽しむ。

4.2　10個の質問＆回答

　表4.1は，特定のテーマについて多角的思考する技法である「10個の質問＆回答」である（詳細は酒井，2008を参照）。特定テーマについて，複数の質問を自分で考えて自答する。10個の質問の○○には，自由な発想で文章表現する。必要に応じて，各項目の質問の○○において2つ以上の質問を設定する。回答は，自分の知識に基づいて書く，文献で調べて書くなど方法は問わない。質問10項目のうち，項目1～6は5W1Hである。

表4.1　10個の質問＆回答のフォーマット（酒井，2008年より引用）

テーマ：
①○○とは何か？　― What
②だれが○○か？　― Who
③いつから○○か？　― When
④なぜ○○か？　― Why
⑤どこで○○か？　― Where
⑥どのような点で○○か？　どうやって○○か？　― How
⑦○○は本当か？　― 事実の確認
⑧○○はどうなっているか？　― 現状の認識
⑨○○に関連することは何か？　― 多角的視点
⑩○○の具体的な例は何か？　― 具体的な検証
関心のある質問の番号：
関心のある理由：

表4.2　10個の質問＆回答のフォーマットによる回答例

テーマ：「大阪都構想」
①○○とは何か？　― What
質問：「大阪都構想」とは何か？
回答：大阪府と大阪市の行政制度を，東京都が採用している「都区制度」に変更するという構想のこと。
②だれが○○か？　― Who
質問：だれが大阪都構想の賛否を決めるのか？

回答：18歳以上の大阪市民が投票によって決める。

③いつから〇〇か？ ― When
質問：いつから大阪都構想を実現させていくのか？
回答：2020年11月1日の住民投票で可決されれば，その後少しずつ計画を実現させていくと考える。

④なぜ〇〇か？ ― Why
質問：なぜ大阪都構想が必要なのか？
回答：「大阪府と大阪市の二重行政」を解消する・大阪都市圏という，より広範な地域を対象とした行政ニーズへの対応・地域の実情に応じた小回りの利く地域サービスの実現を達成するためである。

⑤どこで〇〇か？ ― Where
質問：大阪都構想を実施する場所はどこか？
回答：大阪府と大阪市である。

⑥どのような点で〇〇か？ どうやって〇〇か？ ― How
質問：大阪都構想の問題点はどこにあるか？
回答：「市の五分割」によって行政コストが上がるというリスクがある。

⑦〇〇は本当か？ ― 事実の確認
質問：大阪都構想は本当に実現するのか？
回答：住民投票で可決されたとしても，都構想を実現するための課題が多くあるため，実現への道のりは厳しいのではないかと考える。

⑧〇〇はどうなっているか？ ― 現状の認識
質問：大阪都構想に対する国民の意識はどうなっているか？
回答：前回の住民投票で否決されたのに，再度投票を実施する意味や目的が分からない住民が多いと推測する。

⑨〇〇に関連することは何か？ ― 多角的視点
質問：大阪都構想に関連することは何か？
回答：都構想が実現すれば，IR誘致，それに伴う公共インフラの整備など，様々な期待が生まれ，関西銘柄の復権に期待が高まる。

⑩〇〇の具体的な例は何か？ ― 具体的な検証
質問：大阪都構想により，住民の負担となる具体例は何か？
回答：住所表記が変更されるため，覚え直さなくてはならない。

関心のある質問：⑥
関心のある理由：大阪市の五分割のメリット・デメリットを検討することが，大阪都構想の賛否を考えるうえで重要と判断したため。

（学生レポートを一部加筆修正し，許諾を得て本書に掲載）

　表4.2は，表4.1のひな型を使って，大阪都構想をテーマとして10個の質問＆回答を作成した例である。この10個の質問の中から，特に論じたい，論じる重要性の高い質問を，理由を述べたうえで１つあるいは少数個に絞る。

4.3　疑問の連鎖

　表4.3は，表4.2で作成した「10個の質問＆回答」のうちの「関心のある質問」について，質問＆回答を５回以上連鎖した例である。質問あるいは回答に対して，さらに質問を繰り返す。

表4.3　疑問の連鎖の回答例

テーマ：大阪都構想
10個の質問＆回答「⑥どのような点で○○か？　どうやって○○か？」
質問：大阪都構想の問題点はどこにあるか？
回答：「市の五分割」によって行政コストが上がるというリスクがある。

↓

質問１：「市の五分割」とは何か？
回答１：大阪市という「１つの役所」が解体され，特別五区の「５つの役所」ができるということ。

質問２：なぜ「特別五区」と呼ばれているのか？
回答２：大阪市とは，別にもう１つ，特定の行政を行う「プチ大阪市役所」のような存在をつくろうとしている。特定という言葉は特別と意味が似ているため，特別五区とされたと推測する。

質問３：「プチ大阪市役所」というのは，一般にどう呼ばれているのか？
回答３：「一般事務組合」と呼ばれている。

質問４：「一般事務組合」とはどういったものか？
回答４：行政が行っている多様な業務のうち，一部だけを担当する組合組織のことである。

質問５：「一般事務組合」がうまくいく可能性はあるのか？
回答５：特別区がお金を出し合って事務を行う仕組みであるため，異なる特別区どうしに亀裂が生じると危険である。事務を行ううえでの議論がうまくいく保証はない。

質問６：「特別五区」のデメリットはあるのか？
回答６：リーダーが不在となるため，互いに利益の異なる５人の特別区長というバラバラのリーダーが存在することになる。

質問７：「特別五区」のメリットはあるのか？
回答７：役所の無駄が起こらなくなる，大阪府民税が大阪市内に使われるようになる。

（学生レポートを一部加筆修正し，許諾を得て本書に掲載）

4.4 10個の質問＆回答と疑問の連鎖の併用

　図4.2は，上記の2つの技法を視覚的に表現したものである。10個の質問＆回答のうちの特定の項目（図4.2では「④なぜ」の項目）について，疑問の連鎖により5回以上の質問＆回答を繰り返して，特定の論点に関する思考を深める。さらに，10個の質問＆回答の他の項目について，疑問の連鎖で思考を深めるのも理想的である。

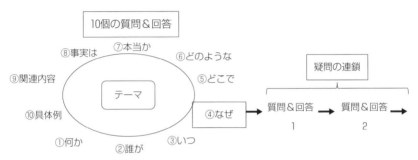

図4.2　10個の質問 & 回答と疑問の連鎖の併用

練習問題

4-1　図4.1を参考に，特定のテーマについて，マインドマップを作成しましょう。

4-2　表4.2を参考に，特定のテーマについて「10個の質問＆回答」を作成しましょう。

4-3　表4.3を参考に，「10個の質問＆回答」のうちの「関心のある質問」について，「疑問の連鎖」で質問＆回答を5回以上繰り返しましょう。

4-4　表1.2を参考に，本章の振り返りシートを作成しましょう。

演繹法と帰納法

①帰納法を理解して，今後活用できる。
②演繹法を理解して，今後活用できる。
③帰納法で導いた法則を使って演繹法で推論する技法を理解して，今後活用できる。

　帰納法と演繹法は，ロジカルシンキングの基幹となる技法である。本章では，帰納法と演繹法を概説した後，帰納法，演繹法，帰納法と演繹法の併用について説明する。

5.1　帰納法と演繹法の概説

　図5.1は，帰納法と演繹法の概念図である。帰納法は，複数の個別的な事例から共通する規則性を見出して仮説を作る。帰納法で導かれる結論は，つねに推論に基づく仮説である。演繹法は，一般論に具体的な事例を当てはめて結論（仮説）を得る。演繹法では，完全に正しい結論の場合もあれば，推測を含む仮説の場合もある。以下は2つの技法の例である。

　　帰納法：
　　　複数の事例1「Aさんは死んだ」
　　　　　　事例2「Bさんは死んだ」
　　　　　　事例3「Cさんは死んだ」
　　　　　結　論「人はいつか必ず死ぬ」

演繹法

　一般論「人はいつか必ず死ぬ」

　事　例「私は人である」

　結　論「私はいつか必ず死ぬ」

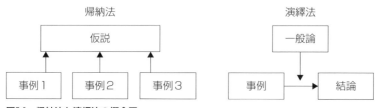

図5.1　帰納法と演繹法の概念図

5.2　帰納法

　図5.1のように，帰納法は以下の①，②の手順で思考する。①仮説につながる多くの事例をあげ，②一般的な法則を見出して仮説を導く。演繹法のように論理的に証明した結果ではなく，推論に基づく仮説である。そのため，全事例を網羅しない限り，帰納法による仮説はある程度の確からしさを持った結論となる。帰納法では，その確からしさを高めることが，仮説に対する相手の納得感を高めることにつながり重要になる。

　以下は帰納法の一例である。1つの対象（A社）に関する複数の観点（売上，新商品，新店舗）から仮説を導いている。

　　①多くの事例：「A社の売上は増加している」「A社の新商品の評判は良い」
　　「A社は新店舗を出した」
　　②仮説：「A社の経営は順調である」

　また，以下の帰納法では，1つの観点（平均年収）に関する複数の対象（3つの都市）から仮説を導いている。

　　①多くの事例：「東京都民の平均年収は高い」「神奈川県民の平均年収は高い」「大阪府民の平均年収は高い」

②仮説：「都心に住む世帯の平均年収は高い」

「So what ?」と「Why so?」

　図5.2は，So what?（だから何か？）とWhy so?（それはなぜ？）の思考プロセスを示す。帰納法のように，多くの事例から仮説を導く思考プロセスはSo what?である。一方，先に仮説があり，その妥当性を検証するために多くの事例を根拠として提示するのがWhy so?である。帰納法でSo what?により仮説を導いた後，その仮説についてWhy so?により各事例が根拠として妥当であるかを吟味するのがよい。

図5.2　So what? とwhy so? の思考プロセス

帰納法の留意点

　帰納法で思考するうえで，以下の2つの留意点がある。

　a. 事例に問題がある場合：事例に間違いがある。事例が少なく偏りがある，など
　b. 事例から共通点を見出す際に問題がある場合：飛躍がある場合など

　たとえば，子どもがおねだりする際，以下のような帰納法を用いることが多い。

　①多くの事例：「Aさんも誕生日プレゼントでゲームを持っている」「Bさんも昔からゲームを持っている」「Cさんはクリスマスプレゼントでゲームを持っている」
　②仮説：「みんながゲームを持っている」

しかし，この例文は，上記のa，bについて以下の留意点がある。

a．事例に間違いがある可能性：たとえば，Bさんは実際にはゲーム機を持っていないかもしれない

a．事例が少なく偏りがある：ゲーム機を持っている人のみを事例に3人あげているかもしれない

b．3人はゲーム機を持っていても，他の子どもの多くはゲーム機を持っていないかもしれない

上記のa，bの留意点から，以下の3点を意識して学修することで，帰納法により導かれる仮説の確からしさが高まる。

①情報収集して，各事例が事実であることを確認する。

②少数の事例だけではなく，幅広い事例（対象者，観点など）について情報収集する。その際，統計やデータが重要になる。

③複数の事例から，できるだけ確からしさの高い一般的な法則を見出す。

5.3　演繹法

図5.1のように，演繹法は「一般論」を特定の「事例」に当てはめて「結論（仮説）」を導きだす思考法である。一般論として，学術的な理論やモデル・法則，事実，法律，ルール（規則），常識などがある。これらを一般論として判断のよりどころを設け，特定の事例に当てはめて結論を導き出す。以下は，演繹法の文例である。

①一般論：赤信号で歩行者は止まらなければならない。

②事例：今，私は横断歩道の前にいて赤信号である。

③仮説：今，私は止まらなければならない。

三段論法は演繹法の代表的な思考法である。大前提，小前提，結論の3つに分かれ，大前提に小前提を当てはめて結論を導く。以下は，三段論法の文例であり，図5.3のように包含関係が成り立つ。

①大前提：野菜は栄養がある。

②小前提：ほうれん草は野菜だ。

図5.3　演繹法における包含関係

　③結論：ほうれん草は栄養がある。

　演繹法で思考するうえでの留意点を2つ説明する。

一般論を事例に当てはめる際の留意点①
　1つめは，「一般論が空間的（世界中で），時間的（過去，現在，未来において）に完全に正しい内容であるかどうか」である。上述の3つの一般論を検証する。

　上述の「人は必ず死ぬ」は，世界中で，また現在・過去においても普遍的な，完全な事実である。三段論法の例として，「人は死ぬ」「ソクラテスは人である」「ソクラテスは死ぬ」と「死」について例にあげられる理由の1つが，「死」がどの世界や時代でも確かな真実であるためと考えられる。

　「赤信号で歩行者は止まらなければならない」は，法律に基づく一般論である。道路交通法で，歩行者や車は道路を通行する際は信号機の信号などに従うことが義務づけられている。ただし，道路交通法は日本国内の法律であり，他国では交通に関する異なる法律があるだろう。また，信号機のなかった時代であれば適用できず，あるいは数百年後の未来であれば信号機が存続しているか不確かである。そのため，現代の日本の社会であれば完全な事実と言えるが，日本国外や過去・未来においては完全な事実とは言い切れない。

　「野菜は栄養がある」は，「野菜」を「食用にあてる目的で栽培する植物」と辞書的に定義すると，一般的にはそのように認識されている。しかし，完全に正しい内容と言い切るためには，本当にすべての野菜が何らかの栄養を含んでいることを図鑑等で確認する必要がある。

　また，試験の答案の採点も演繹法を使っている。つまり，①一般論：正解の解答，②事例：個別の学生・生徒の答案，③結論：採点結果である。記号問題や計算問題などの特定の正解がある問題のみの場合，換言すると，マークシート方式で回答可能な問題のみの場合，結論となる採点結果は完全な確からしさを持っている。一方，論述問題や証明問題などの定性的な言語記述に基づく正解例がある問題の場合，結論となる採点結果は完全な確からしさを持たない面もある。多様な言語記述の回答がある中で，完全に正しい結論にするために，評価観点を完全に明確にする，1名の評価者が複数の答案を採点する際に評価観点にぶれが生じないようにする，複数の評価者が複数の答案を採点する際に評価者間で入念に評価方法をすり合わせしてずれが生じないようにする，など入念な準備が必要になる。

一般論を事例に当てはめる際の留意点②

　2つめは，「特定の事例に当てはめる一般論として適切かどうか」である。事例について思考する際に，妥当ではない一般論を使う場合もありうる。以下は，その一例である。現実的に②に先に遭遇するため，①，②の順番を入れ替えている。

　　②事例：赤ちゃんが泣いている。
　　①一般論A：お腹がすくと赤ちゃんは泣く。
　　③結論A：赤ちゃんはお腹を空かせている。

　上記の②に遭遇した際，これまでの経験や文献等で調べた結果，①の一般論を当てはめて，③の結論を導くかもしれない。しかし，以下の可能性もある。

　　②事例：赤ちゃんが泣いている。
　　①一般論B：おむつがムズムズすると赤ちゃんは泣く。
　　③結論B：赤ちゃんはおむつ交換を欲している。

　現実的には，赤ちゃんにミルクをあげて泣き止めば，例文の一般論Aが妥当であったことを確認できる。一方，ミルクをあげても泣き止まない場合は，別の一般論を検討して当てはめる。たとえばおむつ交換して泣き止めば，例文の一般論Aの当てはめが間違っており，一般論Bが正しいことを認識する。

　上記の2つの留意点から，以下の3点を意識して学修することで，演繹法により証明する力が高まる。

　　①できるだけ多くの知識を持ち，個々の知識は完全に確かであることを確認する。

　　②特定の事例に遭遇した場合，どの知識や情報を一般論として当てはめるのが妥当であるか深く考えて演繹する。

　　③できるだけ多くの演繹の成功と失敗の機会を持ち，多くの経験則を得て妥当に演繹できる確率を高める。

5.4　帰納法と演繹法の併用

　図5.1の演繹法，帰納法を併用して思考することも多い。表5.1は，帰納法で傍線部分の仮説を導き，その仮説検証により一般論として確立させたうえで，演繹法により結論を導いている例である。つまり，帰納法で導かれた大前提を使って，結論を演繹的に導いている。このように，業務でも日常生活でも，帰納法と演繹法の一方を使うことや併用することは数多い。

表5.1　帰納法と演繹法の併用の例

帰納法
　・事例1：コロナの影響で，ネットショッピングをする人が増えた。

　・事例2：インターネットでしか買えない限定商品や掘り出し物を目当てに，ネットショッピングする人が増えた。

　・事例3：企業が行うインターネット販売だけではなく，フリマアプリが普及し，その利用者が増加した。

　・仮説：オンラインショッピングの需要が伸びている。

仮説検証

演繹法
　・一般論：オンラインショッピングの需要が伸びている。

　・事例：自社は，実店舗だけではなく，インターネット販売も展開している。

　・結論：自社が展開するインターネット販売で，多くの消費者に利用してもらえるだろう。

（学生レポートを一部加筆修正し，許諾を得て本書に掲載）

練習問題

5-1　5.1節を参考にして，帰納法の文例を２つ作成しましょう。

5-2　5.2節を参考にして，演繹法の文例を２つ作成しましょう。

5-3　5.3節を参考にして，帰納法と演繹法を併用した文例を１つ作成しましょう。

5-4　表1.2を参考に，本章の振り返りシートを作成しましょう。

6

ロジックツリー

本章の目標

①WHATツリーを理解して，今後活用できる。

②WHYツリーを理解して，今後活用できる。

③HOWツリーを理解して，今後活用できる。

④MECE（ミッシー）を理解して，今後順守してロジックツリーを作成できる。

本章のあらすじ

　レポート作成やプレゼンなど，論じたい内容の全体構造を可視化するうえで，ロジックツリーは効果的である。本章では，WHAT，WHY，HOWツリーの3種類のロジックツリーと，作成するうえでの留意点であるMECEを説明する。

6.1　ロジックツリーの概説

　ロジックツリーは，主に以下の3種類がある。近年は，特にビジネス分野でKPI（Key Performance Indicator）ツリーもよく使われているが，本書では省略する。

　　・WHATツリー（構造把握ツリー）：構造・概念を整理するための要素分解

　　・WHYツリー（原因分析ツリー）：「なぜ？」を繰り返して原因を追求する

　　・HOWツリー（課題解決ツリー）：「どのように？」を繰り返して解決策を導き出す

　図6.1は，ロジックツリーの概念図である。問題をツリー状に分解し，その原因や解決策を論理的に探すための技法である。左（抽象性が高い）から右（具

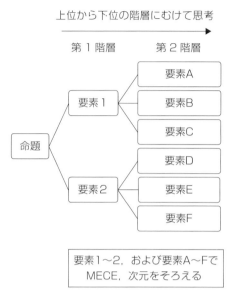

図6.1　ロジックツリーの概念図

体性が高い）へ行くにつれ上位から下位の階層となり，より詳細な要素に分解して検討していく。階層数，各ボックスからの枝分かれ数はともに制限はないが，今井（2018）によれば，階層数は多くて3階層，枝分かれ数も多くて3ボックスである。また，6.5節で説明するように，第1階層，第2階層での各要素は，階層内で次元をそろえて，漏れなく重複なく設定する。

6.2　WHATツリー（構造把握ツリー）

　図6.2はWHATツリーの例で，ロジカルシンキングに関する能力の構造を示す。命題から「～とは何か」と連続して問いを続け，全体構造を細分化して表現する。細分化して構造把握することで，たとえば第2階層の中のどの能力が特に重要か，今後修得すべきかなどを明確化できる。

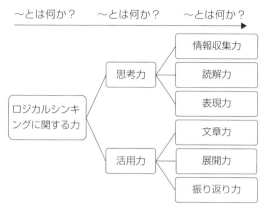

図6.2 WHAT ツリー（構造把握ツリー）**の例**

6.3 WHYツリー（原因分析ツリー）

図6.3はWHYツリーの例で，ロジカルシンキングがなぜ必要かの要因を示す。命題から「なぜ～か」と連続して問いを続け，原因を細分化して表現する。細分化して原因分析することで，たとえば第2階層のどの原因が特に重要か，今後分析すべきかなど明確化できる。

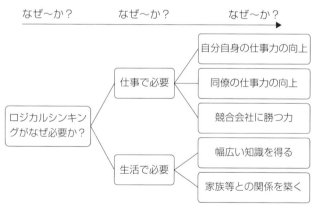

図6.3 WHYツリー（原因分析ツリー）**の例**

6.4 HOWツリー（問題解決ツリー）

　図6.4はHOWツリーの例で，ロジカルシンキングをいかに修得するかの方法を示す。命題から「どのようにして〜か」と連続して問いを続け，方法を細分化して表現する。細分化して問題解決することで，たとえば第2階層のどの方法が特に重要か，今後実施すべきかなど明確化できる。

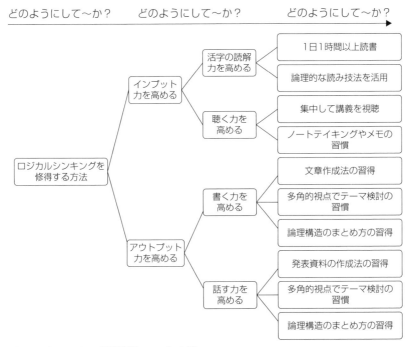

図6.4　HOWツリー（問題解決ツリー）**の例**

6.5 MECE（ミッシー）

　図6.1のように，同じ階層内の全ボックスは，以下のMECE（ミッシー）「重複なく漏れなく」で，次元をそろえる必要がある。

　　M：Mutually／相互に

　　E：Exclusive／重複せず

　　C：Collectively／全体として

　E：Exhaustive／漏れがない

　図6.5は，ロジックツリーで（a）漏れがある場合（70歳以上が漏れている），
（b）重複がある場合（20歳以上と80歳以上で重複がある），（c）次元がそろっ
ていない場合（年齢と性別の異なる次元）の例である。ロジックツリーを作成
する際に留意を要する。

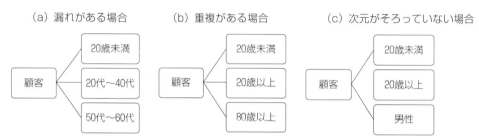

（a）漏れがある場合　　　　（b）重複がある場合　　　　（c）次元がそろっていない場合

図6.5　MECEと次元そろえに問題がある例

6.6　ロジックツリーの多様な表現方法

　ロジックツリーは，一般的には図6.1のようにボックスを線分でつないで階
層的に表現する。加えて，その他の表現方法もある。たとえば，図6.2のロジッ
クツリー図は，表6.1のように表で表現（Excelで罫線指定）や，表6.2のよう
に箇条書き（図式化しない）する方法もある。表6.1の表による表現の場合，
図6.2の各階層のボックス内の項目だけではなく，最下層に関する説明（表6.1
の場合は修得方法）を記載することも多い。

表6.1　表によるロジックツリーの表現（内容は図6.2と同様）

命題	第1階層	第2階層	修得方法
ロジカルシンキングに関する能力	思考力	情報収集力	白書，e-Stat，CiNiiなどで情報収集
		読解力	要約，レジメ作成，クリティカルリーディングの型を作成
		表現力	多角的思考，論理構造の表現の技法を活用
	活用力	文章力	レポート題目について，序論，本論，結論の3部構成でレポート作成
		展開力	ロジカルシンキングに関する評価観点を満たすレポートを作成
		振り返り力	レポート採点結果を見て，改善すべき点を認識して加筆修正

表6.2　箇条書きによるロジックツリーの表現（内容は図6.2と同様）

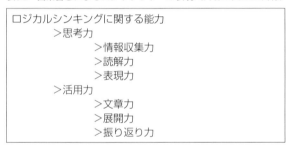

```
ロジカルシンキングに関する能力
        ＞思考力
                ＞情報収集力
                ＞読解力
                ＞表現力
        ＞活用力
                ＞文章力
                ＞展開力
                ＞振り返り力
```

練習問題

6-1　6.2節の図6.2を参考にして，WHATツリーの例を2つ以上の階層で作成しましょう。

6-2　6.3節の図6.3を参考にして，WHYツリーの例を2つ以上の階層で作成しましょう。

6-3　6.4節の図6.4を参考にして，HOWツリーの例を2つ以上の階層で作成しましょう。

6-4　表1.2を参考に，本章の振り返りシートを作成しましょう。

マトリクス図表

本章の目標

①テーブル型のマトリクス図表を理解して，今後活用できる。

②ポジショニングマップ型のマトリクス図を理解して，今後活用できる。

③SWOT分析を理解して，今後活用できる。

④緊急度・重要度マトリクスを理解して，今後活用できる。

本章のあらすじ

　物事を2つの観点で思考し図表で表現するうえで，マトリクス図表は効果的である。本章では，2つの型のマトリクス図表を説明し，その中でもよく使われるSWOT分析と緊急度・重要度マトリクスを紹介する。

7.1　マトリクス図表の概説

　マトリクス（matrix）は，基盤，数学の行列の意味である。マトリクス図では行列や縦横の2軸で情報や問題を整理する。マトリクス図表は大別すると，「テーブル型」と「ポジショニングマップ型」の2種類がある。

　たとえば質問紙調査で，個別の質問項目の記述統計だけではなく，2つの質問項目を掛け合わせて集計したクロス集計を行う。このクロス集計はマトリクス図表で表現される。個別の質問項目ごとに分析した記述統計では見出せない知見を，クロス集計から見出しうる。ロジカルシンキングでのマトリクス図表も同様である。1つの変数を深く思考しても発掘できない知見も，2つの変数を掛け合わせて思考することで，新たな知見が見出されることが多い。

7.2 テーブル型とポジショニングマップ型

たとえば，成績評価でも多くの場合，マトリクス図を使っている。表7.1は成績評価のマトリクス図の例で，行が学生3名（Aさん，Bさん，Cさん），列が評価観点4点（授業取り組み，課題提出，小テスト，期末テスト）である。各評価観点は異なる重みづけで総合評価の点数がつけられる。

表7.2は，表7.1の定量的な成績評価を定性的評価に置き換えて，学生指導方針を記載したマトリクス表である。大きく分類すると，授業態度と課題提出を「学修態度・行動」，小テストと期末テストを「学修成果」に分類できる。似た成績傾向の学生グループを群化して，各群の学生に適切な指導を行うことができる。

表7.3は，「学修態度・行動」と「学修成果」のそれぞれを，「◎：良い」「○：

表7.1　成績評価マトリクス表

	授業態度	課題提出	小テスト	期末テスト	総合評価
重み	20％	20％	20％	40％	100％
満点	3点	30点	100点	100点	100点
Aさん	3	28	70	90	89点
Bさん	2	20	90	85	79点
Cさん	1	18	65	75	62点

表7.2　成績傾向と学生指導のマトリクス表

学生	成績傾向	学生指導方針
Aさん	授業態度，課題取り組みは良く，テストは低い傾向だが期末テストは高かった	教員は，授業態度，課題取り組みの工夫点を尋ねてほめる。小テストが良くなかった理由を振り返って改善努力を促す
Bさん	授業態度，課題取り組みがあまり高くないが，テストの成績は良い	テスト勉強の工夫点を尋ねてほめる。どうすれば授業態度，課題提出を高くできるか振り返って改善努力を促す
Cさん	授業態度，課題取り組みが低く，テストの成績も低い	期末テストは小テストより点数が少し上がった要因を尋ねてほめる。授業態度，課題提出が良くない理由を尋ねて，適切な授業態度や課題取り組みについて話し合う

普通」「△：要改善」の３段階で評価し，３×３の９群で学生を群化したマトリクス表である。図7.1は，表7.3のマトリクス表をポジショニングマップにした図である。図で表現することで，視覚的に一目で特徴を把握しやすくなる。

表7.3　学修態度・行動と学修成果のマトリクス表

学生パターン	学修態度・行動	学修成果	学生
①	◎	◎	Aさん
②	○	◎	Bさん
③	△	◎	
④	◎	○	
⑤	○	○	
⑥	△	○	Cさん
⑦	◎	△	
⑧	○	△	
⑨	△	△	

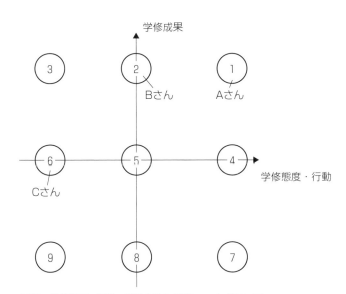

図7.1　学修態度・行動×学修成果のポジショニングマップ

48

7.3 マトリクス図表の利点

マトリクス図表を使う利点は，以下の3点である。概して言えば，対象に関する差，関連性，因果関係などを見出したり調べたりする機会となり，より深い思考につながる。

①対象を多様な観点で詳細に検討

表7.1の場合，成績評価で最も重要な評価観点は，重みも最も高い期末テストだろう。しかし，期末テストに至る学修プロセスも同時に重要である。期末テストという1つの観点だけではなく，他の3つの評価観点も含めた多角的な観点で，個別学生の学修態度や学修成果を把握できる。また，表7.2のように，個別学生に多様な観点を踏まえて学生指導できる。

②対象の関係性を整理

表7.3のように，学修態度・行動と学修成果の2つの観点に捉え直してそれぞれ3段階で評価して掛け合わせることで，学生群を9つに分類して関係性を明確化できる。また，図7.1のように，その関係性を図で視覚的に分かりやすく表現できる。

③複数の対象を比較し優先順位をつける

表7.1のように，4つの評価観点を重みづけして，総合評価としての個別学生の成績をつけることで，順位づけできる。

7.4 マトリクス図表の評価軸の例

マトリクス図表の評価軸として，上記では学修態度・行動（高い，低い）と学修成果（高い，低い）を使った。表7.4は，マトリクス図表で表現する評価軸として，「対象の属性」と「対象の特徴」の例を列挙したものである。2つの評価軸を行列に設定し，表7.3のようなマトリクス表や図7.1のようなポジショニングマップを作成できる。

図7.2は，表7.4の「価格（高い，低い）」を縦軸，「来店形態（単独，複数）」を横軸に設定したポジショニングマップである。9つの飲食店ブランドの立ち位置が明確となり，ブランド間の差，関連などを見出せる。また，自身の飲食店ブランドをどの方向に変容させるかの検討にも活用できる。たとえば③の飲食店ブランドにおいて，来店形態が単独で高価な飲食店ブランドが周辺に少な

いと解釈し，→の方向に向けて差異化を図るなどに活用する。

表7.4　マトリクス図表の評価軸の例

対象者の属性	対象の特徴
性別（男性，女性） 年齢（高い，低い） 地域（都市，地方） 収入（高い，低い） 住居（単身，世帯） 身分（学生，社会人） 来店形態（単独，複数）	品質（高い，低い） 価格（高い，低い） 費用（高い，低い） 効果（高い，低い） 課金（あり，なし） 利用者数（多い，少ない） 時間（長い，短い） 評判（高い，低い） 成長率（高い，低い） 占有率（高い，低い）

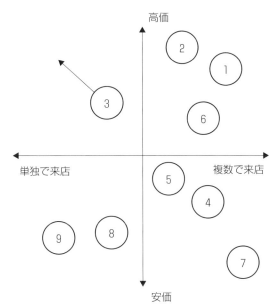

図7.2　9つの飲食店ブランドの価格×来店形態のポジショニングマップ

7.5 SWOT分析

表7.5はSWOT（スウォット）のマトリクス表である。SWOT分析は，環境（内部，外部）×正負要因（ポジティブ要因，ネガティブ要因）のマトリクス表で，成功要因や事業機会を導き出すツールとして，ビジネスや自己分析で使われる。

表7.6は，特定の学習塾に関するSWOT分析である。分析結果に基づき，たとえば「この強みを活かして，この機会を獲得する」「この弱みと脅威が重なると自社の存続が危ぶまれるため，リスク対策を取る」などを検討・実践する。

表7.5　SWOT分析

	ポジティブ	ネガティブ
内部要因	【S】 Strength（強み）	【W】 Weakness（弱み）
外部要因	【O】 Opportunity（機会）	【T】 Threat（脅威）

表7.6　特定の学習塾に関するSWOT分析の例

	ポジティブ	ネガティブ
内部要因	【強み】 ・小中学生の塾として高い認知度 ・少人数での丁寧な授業 ・希望校の合格実績が高い	【弱み】 ・特定エリアの依存度が高い ・高校生の生徒が少ない ・土日は特定の週のみ開校
外部要因	【機会】 ・他社との提携・買収 ・コロナ禍によるオンライン受講希望の生徒数の増加	【脅威】 ・少子化による他社との競争の激化 ・コロナ禍による感染防止

表7.7は，就職活動で使うSWOT分析による自己分析の例で，4象限は以下のとおりである。たとえば，SWOT分析結果を使ってエントリーシートを作成などに活用できる。

　　強み：自分の強み

　　弱み：自分の弱み

　　機会：自分が希望する就活市場のメリット

　　脅威：自分が希望する就活市場のデメリット

表7.7　就職活動で使うSWOT分析による自己分析の例

	ポジティブ	ネガティブ
内部要因	【強み】 ・初対面の人と打ち解けられる ・AIについて専門的に学修している ・協調性，柔軟性がある	【弱み】 ・短気でせっかちある ・完璧を求めすぎる ・継続性が少し弱い
外部要因	【機会】 ・コロナ禍によりオンライン販売が増え，AI人材が求められている。 ・若い人材を優遇して募集している	【脅威】 ・コロナの影響で採用者数も少ない ・低価格・高品質を売りにした競合ブランド企業が増加している

7.6　緊急度・重要度マトリクス

　緊急度・重要度マトリクスは，緊急度×重要度の2つの軸により4象限で表現され，時間管理のマトリクスとも言われる。表7.8は，大学生活における緊急度・重要度マトリクスの例である。日常の仕事，生活において，【第1領域】の「緊急かつ重要」の取り組みを優先的に行いがちであるが，【第2領域】の「緊急ではないが，重要」な取り組みに多くの時間をかけるべきとみなす。以下は，時間管理の工夫点である。

　　・第3，第4領域の取り組みを減らせないか？

　　・第1領域の中に，実は第3領域の方が妥当である取り組みはないか？

　　・将来を考えると第2領域が最も大切か？その場合，その取り組み時間を増やす方法は何か？

表7.8　大学生活に関する緊急度・重要度マトリクスの例

	緊急	緊急でない
重要	【第1領域】 ・大学の課題 ・締め切りのある作業	【第2領域】 ・将来の準備・計画 ・資格取得のための勉強
重要でない	【第3領域】 ・重要でない会話 ・無意味な外出	【第4領域】 ・時間を決めずに，携帯を使う ・目的のない動画視聴

（許諾を得て学生レポートを本書に掲載）

練習問題

7-1 　7.4節の表7.4を参考にして，マトリクス図表で，テーマと評価軸（例：
「テーマ：アパレル販売」「評価軸：性別×年代」など）の例を３つ書
きましょう。

7-2 　対象は特定組織，自己，他者など何でもよいので，7.5節の表7.5～表7.7
を参考にしてSWOT分析の結果を作成しましょう。

7-3 　7.6節の表7.8を参考にして，現在の自分の活動の緊急度・重要度マトリ
クスを作成し，時間管理の改善点を100～200文字程で作成しましょう。

7-4 　表1.2を参考に，本章の振り返りシートを作成しましょう。

8

プロセス図

本章のあらすじ

　個人，組織，社会にまつわる情報，物流，お金などは，時間軸に沿って変化する。本章では，その変化過程の要点を過不足なく捉えるプロセス図と，その中で業務やプログラミング等でよく使われるフローチャートを説明する。

8.1　プロセス図の概説

　プロセス図は，人，時間，情報，物流，処理などの手順や流れを図で示したものである。6 章のロジックツリー，7 章のマトリクス図は，一時点の構造を表現し，時間的推移の観点を含めずに作成される。一方，プロセス図では，時間，日，週，月，年など単位は問わないが，時間的推移を含めて表現される。

　図8.1は非常に単純なプロセス図解の例である。文章で説明すると，「企業が消費者にサービスを提供し，その等価交換として消費者が代金を企業に支払う」

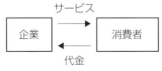

図8.1　代金とサービスのやり取りの　　　プロセス図

Plan
計画
Do
実行
Check
評価
Action
改善

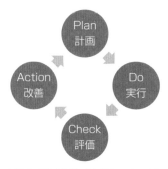

図8.2　PDCAサイクルについての循環プロセス

となる。この場合，文章のみで理解できるが，図8.1の図解があるほうが理解しやすい。

図8.2は，計画実行や事業推進などでよく使われるPDCAサイクルである。通常，Planから開始してActionで終了し，そのActionの結果に基づいて次のPlanを立てる。これもプロセス図の一種で，PDCAが循環するため循環プロセス図となる。

図8.3は，JR東海道新幹線における，京都～東京までの「ひかり」と「のぞみ」の停車駅と所要時間である。なお，ひかりの停車駅は時間帯により異なるが，2021年3月現在での早朝6時台に発車の新幹線の停車駅である。図を見ると，のぞみはひかりに比べて，どの駅間をスキップするか，いくつの駅をスキップするか，各停車駅までの所要時間がどの程度異なるか，などが一目で明確に示される。ひかりとのぞみの比較のように，異なる環境下における違いを明確化する点でも，プロセス図は効果的である。

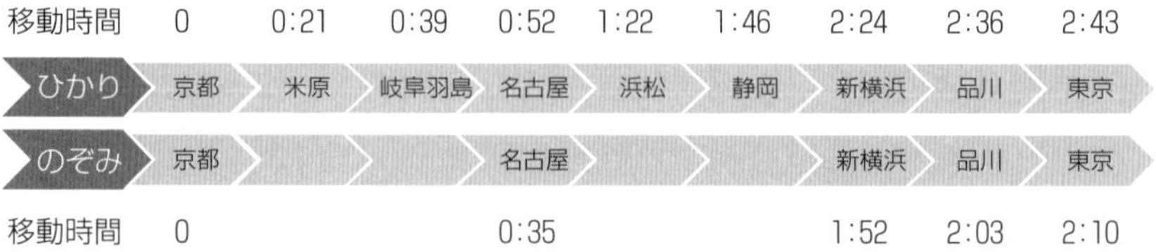

移動時間　0　0:21　0:39　0:52　1:22　1:46　2:24　2:36　2:43
ひかり　京都　米原　岐阜羽島　名古屋　浜松　静岡　新横浜　品川　東京
のぞみ　京都　名古屋　新横浜　品川　東京
移動時間　0　0:35　1:52　2:03　2:10

図8.3　JR東海道新幹線の「ひかり」と「のぞみ」の停車駅と所要時間のプロセス図

8.2 フローチャート

　フローチャートもプロセス図の1つである。図8.4は，オンラインショッピング時のプロセス図である。「開始」から始まり，上から下に向かって処理が進む。条件分岐「在庫」で「あり」の場合は商品配送され，「なし」の場合，消費者は同じウェブサイトで別の商品を選ぶか，別のウェブサイトで同じ商品を探して注文するなどの購買行動をとる。オンラインショッピングの運営会社にとって，的確な在庫管理が重要であることを示す。

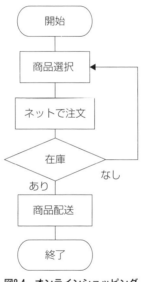

**図8.4　オンラインショッピング
時のフローチャート**

8.3　プロセス図の留意点

　プロセス図の留意点は，以下の4点である。

①プロセスの前後関係を正しく作成

　つねに「先に起こる事柄 → 後に起こる事柄」の前後関係となっている必要がある。

②過不足なくプロセスを作成

　プロセス図の中に，重要な手順は漏れなく記載することが必要である。一方

で，あまり細かく分けすぎて手順を作成すると，肝心の重要な手順に注意が向きづらくなり，全体のプロセス図が理解しにくくなる。また，重要な手順が含まれる場合は強調する。

③ボックス内に詳細の説明を書かない

　プロセス図では，個々の手順の詳細より，手順全体の流れの理解が重要である。ボックス内に詳細の説明を入れると，手順全体の流れが理解しづらくなる。各ボックスの説明は，各ボックスの付近に併記が望ましい。

④フローチャートの場合

　図8.5は，フローチャートでよく使われる図形とその意味である。フローチャートの処理の流れは矢印なしの線分を使用し，処理は上から下，あるいは左から右の流れで作成する。この流れから外れるフローの場合には，矢印で明示する。

図8.5　フローチャートで使われる図形

練習問題

8-1　プロセス図を使うと便利な場面（例：プロジェクトの推進過程，バイト先の商品流通など）を，自由な発想で5つ作成しましょう。

8-2　今まで経験したこと，あるいはこれから経験する予定の内容についてプロセス図を作成し，100〜200文字ほどで説明文を加えましょう。

8-3　表1.2を参考に，本章の振り返りシートを作成しましょう。

第Ⅱ部
レポート作成への
ロジカルシンキング技法の活用

第Ⅱ部では，第Ⅰ部のロジカルシンキング技法をレポート作成に活用する手順を理解する。図1.3のように，レポート作成を通じて第Ⅰ部で修得した技法を振り返り，定着を図る。本書では，9.1節のテーマでレポート課題が提示された前提で，第Ⅰ部の技法をレポート作成に活用する方法を説明する。第Ⅱ部の説明を参考にしながら，9.1節のテーマで，あるいは授業担当教員や自らが設定したテーマで，練習問題に取り組むのがよい。

9

レポート課題の理解

①レポートの課題内容を理解する。

②レポートの構成として，３部構成（序論，本論，結論）を理解する。

③レポートの評価観点を理解する。

　レポート課題に取り組む際，どのような提出物が求められているかの要件を的確に理解することが大変重要になる。本章では，レポート課題の要綱，レポートの構成，レポートの評価観点を説明する。

9.1　レポート課題の要綱

　表9.1は，第Ⅱ部で説明するレポート作成の要綱である。この要綱に沿って，第Ⅰ部の技法を活用してレポートに取り組む。このような要綱は，授業等の教科書として本書を読まれている読者の方は，授業担当教員から提示される。独

表9.1　レポート課題の要綱の例

構成：レポート題目，学生証番号・氏名，序論，本論，結論，引用文献

文字数：1600〜2000文字

提出締切：課題提示から１か月後に電子文書ファイルで提出

評価方法：評価観点表に基づき評価

レポートのテーマ：人口減少社会および超高齢社会における日本社会の活性化の実施策を提言し，その有効性を論じる

備考：提出された全レポートを１枚のpdfファイルにして，受講生が参照できるようにする。そのため，授業担当教員だけではなく受講生にも参照されることを認識してレポートを作成，提出

学で本書を活用の読者の方は，自主的に要綱を設定して各章の練習問題の取り組みを通してレポートを作成する。

　以下，表9.1について簡潔に補足する。

　構成：指定された構成でレポートを作成する。序論，本論，結論の３部構成については，9.2節で簡潔に説明する。

　文字数：指定された範囲内で，なるべく最大文字数に近づけて作成する。

　提出締切：必ず締切までに提出する。通常，遅れて提出の場合は受付不可，あるいは減点である。突発的な事態が仮に生じても提出できるように，締切日より３日前に提出できるように計画的に作成を進める。

　評価方法：課題の目的は，学生にとっては評価観点を修得するため，授業担当教員にとっては評価観点を修得できているか確認するためである。その観点を満たしたレポート作成は，評価点が高くなるだけではなく，授業の学修成果を効果的に高めることにつながる。

　テーマ：一字一句を熟読し，教科書，辞典等で調べて，キーワードや専門用語等を明確に定義する。

9.2　レポートの構成

　多くの場合，レポート要綱の中で作成すべきレポートの構成が指定される。表9.1でも示した３部構成は最も標準的なレポート構成であり，本書でもこの構成で説明していく。３部構成の各論は，概して言えば以下の内容について書く。

　①序論：問題の背景，論じる内容，論じる意義など

　②本論：問題に対する筆者の主張，主張の理由など

　③結論：序論で提起した問題に対する回答

また，以下の５部構成のように，仮説検証型のレポートもある。

　①現状分析：題目に関する現状（過去も含む）を説明。引用文献を使って論じる

　②問題発見：題目に関する自分の疑問点，問題点など

　③仮説構築：疑問点の結果の予想，問題点の解決策など

　④仮説検証：結果の予想が妥当か，解決策が有効かなど。引用文献を使う

　⑤考察：①〜④で分かったこと，考えたこと，さらに検討すべき点など

　要綱の中でレポートの構成が指定されない場合，上記の３部構成や仮説検証型などを参考に，複数の論やパートに分けてレポートを構造化するのがよい。

9.3　レポートの評価観点

　表9.2は，レポートの評価観点である。題目から引用文献まで，各パートに分けて明記している。また，各パートで例を記載している。図1.3のように，第Ⅰ部で説明した技法をレポート作成に活用することが本書の目的の１つである。そのため，評価観点の中に，技法をしっかり活用してレポート作成されているかの項目も含まれている。

　ただし，レポートの評価観点は授業形態，専門領域，学年などにより異なる。たとえば，他の評価観点として，特定の専門領域に関する項目や，問題発見力・表現力・独創力などの汎用力を指標にしたものもある。提示された評価観点に沿ってレポート作成することが肝要である。

表9.2　レポートの評価観点の例

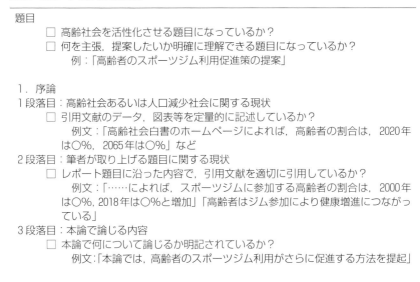

題目
　　　□ 高齢社会を活性化させる題目になっているか？
　　　□ 何を主張，提案したいか明確に理解できる題目になっているか？
　　　　　例：「高齢者のスポーツジム利用促進策の提案」

１．序論
１段落目：高齢社会あるいは人口減少社会に関する現状
　　　□ 引用文献のデータ，図表等を定量的に記述しているか？
　　　　　例文：「高齢社会白書のホームページによれば，高齢者の割合は，2020年は〇%，2065年は〇%」など
２段落目：筆者が取り上げる題目に関する現状
　　　□ レポート題目に沿った内容で，引用文献を適切に引用しているか？
　　　　　例文：「……によれば，スポーツジムに参加する高齢者の割合は，2000年は〇%，2018年は〇%と増加」「高齢者はジム参加により健康増進につながっている」
３段落目：本論で論じる内容
　　　□ 本論で何について論じるか明記されているか？
　　　　　例文：「本論では，高齢者のスポーツジム利用がさらに促進する方法を提起」

２．本論

１段落目：高齢社会における社会の活性化についての筆者の主張や提案

　　　　□ 筆者の主張や提案（例文の……の部分）が明確に書かれているか？

　　　　□ 主張や提案は社会の活性化につながりそうか？

　　　　　例文：「筆者は，……の方法で，スポーツジムの利用する高齢者がさらに
増加し，健康増進につながると考える」

２段落目以降：その主張や提案が社会の活性化に効果的になるための方法や根拠

　　　　□ 方法，根拠が明確に書かれているか？

　　　　□ 方法，根拠は，他者が読んで納得できる内容か？

　　　　□ 引用文献を適切に活用しているか？

　　　　　例文：「この方法が効果的と考える根拠を２つ述べる。１つめは，……で
ある。……によれば，……。」（段落を変える）「２つめは，……である。
……によれば，……。」

３．結論

１段落目：筆者の主張や提案と，その有効性

　　　　□ 筆者の主張や提案が簡潔に（３〜５行ほどが目安）書かれているか？

　　　　　例文：「……に方法で，高齢者のスポーツジム利用者がいっそう増加し，
健康増進につながる。」

２段落目：今後の検討点

　　　　□ 題目に関して，本レポートで論じなかったが検討すべき点が書かれているか？

引用文献

　　　　□ 図書，ウェブなど出典に関する情報が，以下の例のように漏れなく正確に書
かれているか？

　　　　　引用文献の書き方

　　　　　　図書の場合：

　　　　　　　酒井浩二　2008『論理性を鍛えるレポートの書き方』ナカニシヤ出版

　　　　　　日経BPの記事の場合：

　　　　　　　日経BP記事１「特集２　認知症700万人時代に先手を打つ！」日経
ヘルスケア，2017年，04号，pp.52-54

　　　　　　ウェブサイトの場合：

　　　　　　　高齢社会白書「第１章　高齢化の状況」
https://www8.cao.go.jp/kourei/whitepaper/w-2019/
zenbun/01pdf_index.html　（参照日：2020年12月21日）

本文全体

　　　　□ 演繹法・帰納法，ロジックツリー，プロセス図解，マトリクス図解のうち２
つ以上を使っているか？

　　　　□ 本文中で，２つ以上の文献を引用しているか？

　　　　□ 本文中で，引用した内容の箇所で以下のように適切に表記されているか？

　　　　　図書，論文の場合　「酒井（2008）によれば，……」

　　　　　日経BP記事の場合　「日経BP記事１によれば，……」

　　　　　ウェブサイトの場合　「高齢社会白書のホームページによれば，……」

　　　　□ 図表を使う場合，表の上，図の下に，図表説明文が入っているか？

　　□　図表を使う場合，本文中に図表に関する説明文が入っているか？

　レポート要綱の中で，評価観点が明示されない場合もある。その場合は，何のために今回のレポートを作成するか，レポート作成を通じて何ができるようになればよいかを自問自答し，表9.2も参考にして自分なりに評価観点を設定したうえでのレポート作成がよい。

練習問題

9-1　レポート課題の要綱を準備しましょう。本節の表9.1と同じでも，授業担当教員からの提示でも，自主的に設定したものでも，いずれでもかまいません。

9-2　表1.2を参考に，本章の振り返りシートを作成しましょう。

レポートテーマに関する読解内容の思考

①レポートテーマに関する情報を収集し，課題内容を的確に把握する。

②レポートテーマ，およびレポート題目に関する文献を収集する。

③収集した文献を読解してまとめる。

　9.1節のレポート要綱に沿ったレポート作成の準備をする。その準備として，本章では第Ⅰ部の技法を使って，情報，文献を収集し，その要点をまとめたり批判的に読解したりする。

10.1　レポートテーマの明確化

　レポート要綱に記載されたレポートテーマについて，重要な用語に関しては，定義や情報収集により明確化することが重要である。レポートテーマ内の用語等は，通常は授業資料や教科書等に記載されており，それらを見て明確化するとよい。教科書等に未記載の用語等は，文献やウェブ等で情報収集する。

　表9.1の以下のレポートテーマの場合，傍線部分が重要な用語となる。

　　「レポートテーマ：人口減少社会および超高齢社会における日本社会の活
　　性化の実施策を提言し，その有効性を論じる」

　上記の傍線部を明確化する際，「人口減少社会」「超高齢社会」の用語の場合，社会で使われている一般的な定義や意味を，情報収集して明確化するとよい。一方，「活性化」「実施策」「有効性」の用語の場合，必要であれば情報収集して筆者が明確に定義するとよい。表10.1は，上記の傍線部分を明確化した内容

である。

表10.1　レポートのテーマ内の重要な用語を明確化した例

人口減少社会
　東洋経済Onlineによれば，2015年の総人口1億2,709万人，2045年までに日本の総人口は1億642万人と減少する予測である。さらに，2065年には総人口8,808万人まで減少し，65歳以上の老年人口比率は38.4％となる。
　　引用文献：東洋経済Online　日本人は「人口減少」の深刻さをわかってない
　　https://toyokeizai.net/articles/-/218313　（参照日：2019年12月1日）
超高齢社会
　公益財団法人長寿科学振興財団の「健康長寿ネット」によれば，65歳以上の人口が，全人口に対して7％を超えると「高齢化社会」，14％を超えると「高齢社会」，21％を超えると「超高齢社会」と呼ばれる。日本は，1970年に「高齢化社会」，1995年に高齢社会，2010年に超高齢社会へと突入し，2025年には65歳以上の老年人口比率は約30％，2060年には約40％に達すると見られている。
　　引用文献：公益財団法人長寿科学振興財団の「健康長寿ネット」
　　https://www.tyojyu.or.jp/net/kenkou-tyoju/tyojyu-shakai/nihon.html
　　（参照日：2019年12月1日）
活性化
　「活性化」を「現状を改善する」と定義する。活性化の対象領域は多様で，たとえば以下のような領域がある。
　　①経済：高齢者向けの商品企画と販売。高齢者が消費しやすい制度
　　②雇用：高齢者の方が働きやすい環境の構築。高齢者の持つ仕事のノウハウを活かす
　　③地域：高齢者が地域ボランティアに運営者として，あるいは参加者として関与
　　④教育：若い世代に何か教える，伝授する
　　⑤健康：高齢者が健康を維持・増進
　　⑥医療：高齢者が安心して受診できる医療制度
　　⑦交通：高齢者が安全に運転して事故予防につなげる
　　⑧福祉：高齢者の福祉，介護の負担を軽減する　　など
実施策と有効性
　実施策について，過去の実施策，現在の実施策，未来の実施策がある。どの時間軸の実施策にするか考える。有効性は，以下のように過去，現在，未来の実施策が有効とみなせる根拠である。
　　過去の実施策：その実施策が活性化につながっていた
　　現在の実施策：その実施策が活性化につながっている
　　未来の実施策：その実施策が活性化につながるだろうと推測される

練習問題

10-1　本節を参考にして，9.1節のレポート課題の要綱に書かれているレポートテーマに関する重要な用語等を情報収集してまとめ，明確化しましょう。

10.2　レポート仮題目の設定

　図10.1は，レポートのテーマと題目の関係である。一般的に，レポートのテーマという大きな枠組みの中で，論じるべき分野・領域や論点は数多くある。テーマに関する多くの論点のうち，焦点を絞った特定の論点をレポート題目として取り上げる。図10.1の場合，「超高齢社会での活性化の実施策」として，医療，地域，雇用，交通など多くの分野で実施策がある。そのうち，本節では特定の分野として「交通」に焦点を当てる。

　レポート題目が「高齢運転者の交通」の場合，まだレポートの題目として焦点が絞り切れていない。次節で取り組む文献収集に向けて，変更が生じてもよいので，レポート仮題目を設定する。たとえば，以下のように分野・実施策・有効性の例として作成する。

　　分野：交通
　　実施策：高齢者の運転免許証の更新時に義務化されている認知機能検査の
　　改正
　　有効性：高齢者ドライバーの交通事故が減少
　　レポート仮題目：高齢運転者の認知機能検査

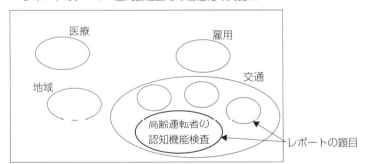

図10.1　レポートのテーマと題目の関係

練習問題

10-2　本節を参考にして，レポート仮題目を設定しましょう。

10.3 文献の収集

レポートテーマの広い観点に関する情報と，レポート仮題目に関する特定の分野に関する情報の，両方の情報を収集して読解するのが重要である。そこで，レポートのテーマ，および仮題目に関する文献をそれぞれ1つ以上収集する。

第2章の情報収集の技法を参考にして，図10.1のレポートのテーマと仮題目について，たとえば以下のように2つの文献を収集する。

レポートテーマに関する文献：

高齢社会白書の「第1章　高齢化の状況」

https://www8.cao.go.jp/kourei/whitepaper/w-2019/zenbun/01
pdf_index.html　（参照日：2020年12月21日）

レポート仮題目に関する文献：

警視庁「認知機能検査と高齢者講習（75歳以上の方の免許更新）」

https://www.keishicho.metro.tokyo.jp/smph/menkyo/koshu/koshu/
over75.html（参照日：2019年11月22日）

(練習問題)

10-3　第2章の技法と本節を参考にして，レポートのテーマ，および仮題目に関する文献を1つずつ情報収集して，出典を記載しましょう。

10.4　要　約

3.1節の要約の技法を参考にして，10.3節で収集したレポート仮題目に関する文献を要約する。表10.2は，35文字以内および100文字以内で要約したものである。

表10.2　レポート仮題目に関する文献の要約の例

35文字以内
　　75歳以上の人が免許更新の際は，認知機能検査と高齢者講習の義務がある。（34文字）

100文字以内
　　75歳以上の人が免許更新の際は，認知機能検査と高齢者講習の義務がある。認知機能検査で記憶力・判断力が低い判定結果となり，後日の専門医の診断により認知症と診断された場合，運転免許の停止・取消となる。（97文字）

練習問題

10-4　3.1節の技法と本節の表10.2を参考にして，10.3節で収集した文献について2つ以上の異なる文字数で要約しましょう。要約の文字数は自由でよいです。

10.5　レジメ作成

　3.2節のレジメ作成の技法を参考にして，10.3節で収集した文献をレジメにまとめる。表10.3は，レポート仮題目に関する文献を要約したものである。

表10.3　レポート仮題目に関する文献のレジメの例

「授業科目名」（日付）

発表者　氏名

文献の出典
警視庁「認知機能検査と高齢者講習（75歳以上の方の免許更新）」
https://www.keishicho.metro.tokyo.jp/smph/menkyo/koshu/koshu/over75.html（参照日：2019年11月22日）

認知機能検査と高齢者講習の義務
75歳以上の人が免許更新の際に必要

認知機能検査の内容
①時間の見当識：検査時の年月日，曜日及び時間を回答
②手がかり再生：16種類の絵を記憶し，何が描かれていたかを回答
③時計描画：時計の文字盤を描き，指定された時刻を表す針を描く

認知機能検査の所要時間
検査は30分程。検査結果が判明するまで多少時間がかかる

認知機能検査の結果
記憶力・判断力に問題なしの判定→運転免許証の更新可能
記憶力・判断力が低い判定→後日の専門医の診断で認知症→運転免許の停止・取消

高齢者講習
座学・運転適性検査（60分），実車（60分）の計2時間ほど
試験ではないので，必ず終了証明書が交付される

発表者の意見，疑問点など
運転免許証の更新の是非を判断するためには，記憶力・判断力を判定する認知機能検査に加えて，運転技能検査も必要ではないか

10-5 3.2節の技法と本節の表10.3を参考にして，10.3節で収集した文献についてレジメを作成しましょう。

10.6 クリティカルリーディング

3.3節の表3.3のクリティカルリーディングのひな型である16項目から8項目を選んで，10.3節で収集した文献を読んで考えた内容をまとめる。表10.4は，レポートのテーマに関する文献を要約したものである。

表10.4 レポートテーマに関する文献のクリティカルリーディングの例

文献の出典：令和元年度版高齢社会白書の「第1章 高齢化の状況」
　　　https://www8.cao.go.jp/kourei/whitepaper/w-2019/zenbun/01pdf_index.html （参照日：2020年12月21日）

①なるほど
将来推計人口は，全国の将来の出生，死亡及び国際人口移動について仮説を設け，これらに基づいて我が国の将来の人口規模並びに年齢構成などの人口構造の推移について推計したもの

②ここは鋭い
これまで高齢化が進行してきた先進地域だけではなく，開発途上地域でも高齢化が急速に展開する。

③納得がいかない
「現役世代1.3人で1人の65歳以上の人を支える社会の到来」と書かれているが，少なくとも65〜70歳の大多数は，心身の健康が保たれており，自立した生活を送り，他者を支えることができる。

⑤その意見に賛成だ
65〜74歳では心身の健康が保たれ，活発な社会活動が可能な人が大多数を占めているなどの理由で，75歳以上を高齢者の新たな定義とする。

⑧同じような例を知っている
高齢者の用語は，文脈や制度ごとに対象が異なり一律の定義がない。たとえば定年退職は，60歳から65歳に引き上げられる法整備が行われ，2025年からすべての企業に適用される。一方，高齢運転者標識の取り付けは，70歳以上で努力義務，75歳以上で義務となる。

⑨自分の身の回りの例だとどんなことか
平均寿命は，平成29年の時点で，男性81.1年，女性87.3年である。私の身の回りにも，80歳以上の方は多くおられる。

⑫これは他の人にも伝えたいエピソードやデータだ
日本は世界で最も高い高齢化比率である。

⑬もっと，こういう資料が使われていれば議論の説得力が増すのに
65〜74歳では活発な社会活動が可能な人が大多数を占めている根拠の1つとして，この
年代の就労人口比率の年間推移のデータがあるとよい。

練習問題

10-6　3.3節の表3.3と本節の表10.4を参考にして，10.3節で収集した文献についてクリティカルリーディングしてまとめましょう。

10-7　表1.2を参考に，本章の振り返りシートを作成しましょう。

レポート題目に関する多角的思考

①レポート仮題目に関して，10個の質問＆回答で多角的思考ができる。

②レポート仮題目に関して，疑問の連鎖で多角的思考ができる。

③文献読解や多角的思考の内容をマインドマップで整理し，レポート題目を決定できる。

　本章では，10.2節で設定したレポート仮題目について，4章で修得した10個の質問＆回答，疑問の連鎖を使って深める。また，整理法としてマインドマップを使って，10章での文献の読解内容や，本章で多角的思考した内容をまとめ，レポート題目を決定する。

11.1　10個の質問＆回答

　本節では，レポート仮題目について，4.2節の10個の質問＆回答を使って深める。表11.1は，免許更新時の認知機能検査について技法を活用しながら思考を深めたものである。

11-1　4.2節の技法と本節の表11.1と参考にして，10.2節で設定したレポート仮題目に関して10個の質問＆回答で思考を深めましょう。

表11.1 レポート仮題目に関する10個の質問＆回答

実施策：免許更新時の認知機能検査

①質問：認知機能検査とは何か？
回答：75歳以上のドライバーが運転免許証の更新時に，高齢者講習の前に受ける検査

②質問：誰が認知機能検査を受けるか？
回答：運転免許証の更新期間が満了する日の年齢が75歳以上のドライバー

③質問：いつから認知機能検査が義務化されたか？
回答：平成29年から，75歳以上の運転者が免許証を更新する際に認知機能検査が義務化された。

④質問：なぜ認知機能検査が義務化されたか？
回答：高齢の運転免許保有者の増加を背景として，全体に占める75歳以上の運転者による死亡事故の割合は増加し，平成17年で7.4%から平成27年には12.8%と増加してきたため。

⑤質問：どこで認知機能検査を受けるか？
回答：公安委員会（警察）又は委託された教習所等で認知機能検査を受ける

⑥質問：どうやって認知機能検査が実施されるか？
回答：記憶力や判断力を測定する検査で，時間の見当識，手がかり再生，時計描画という3つの検査項目について，検査用紙に記入して行う。

⑦質問：75歳以上の運転者は3年に1回の免許証更新時に認知機能検査を受ける義務があるのは本当か？
回答：事実である。

⑧質問：75歳以上の運転者が一定の違反行為があった場合，どうなるのか？
回答：75歳以上の運転者の認知機能の状況をタイムリーに把握するため，臨時認知機能検査を受ける義務がある。

⑨質問：認知機能検査に関連することは？
回答：認知機能検査の後，実車指導の際に運転の様子をドライブレコーダーで記録しその映像に基づいて個人指導を行うなど，高齢者講習を受ける。

⑩質問：認知機能検査の具体的な検査用紙は入手できるか？
回答：警視庁「認知機能検査について」のウェブサイトからダウンロード可能である。

関心のある質問の番号：⑧
その理由：75歳以上の高齢者の認知機能は毎年度急速に低下していく場合も考えられ，その兆しがあった場合の対処法が高齢者の事故防止に大きくつながると考えるため。

引用文献

警視庁「認知機能検査について」　上記の質問①，②，⑤，⑥，⑩の回答として引用
　　〈https://www.npa.go.jp/policies/application/license_renewal/ninchi.
　　html〉（参照日：2021年2月17日）
政府広報オンライン　上記の③，④，⑦，⑧，⑨の回答として引用
　　〈https://www.gov-online.go.jp/useful/article/201702/2.html〉（参照日：
　　2021年2月17日）

11.2　疑問の連鎖

　本節では，レポート仮題目について，4.3節の疑問の連鎖の技法を使って深める。表11.2は，免許更新時の認知機能検査について，技法を活用しながら思考を深めたものである。

表11.2　レポート仮題目に関する疑問の連鎖

質問1：一定の違反行為とは？
回答1：信号無視（例：赤信号を無視），通行禁止違反（例：通行禁止の道路を通行）等の18件の違反行為である。

質問2：高齢運転者の事故要因は？
回答2：高齢者の交通事故のうち高齢運転者の人的要因をみると，脇見や考え事をしていたことなどによる，発見の遅れ（構成率約83.4%）が最も多い。

質問3：高齢者はなぜ発見が遅れやすいか？
回答3：注意力や集中力が低下，瞬間的な判断力が低下，過去の経験にとらわれる傾向にある，などがある。

質問4：高齢運転者の事故率は高いか？
回答4：平成21年度から平成30年度にかけて，高齢運転者の交通事故件数は6,883件から5,800件と低下しているが，交通事故全体に占める高齢運転者の割合は12.2%から18.0%と増加している。また，免許人口10万人当たりの死亡事故件数は，75歳以上，80歳以上の高齢運転者は，75歳未満の運転者と比べて約2.1倍，約2.9倍高い水準である。

質問5：認知機能検査の結果は？
回答5：平成30年で，認知機能検査を受けて第1分類（認知症の恐れ）の判定は54,786人（2.5%）である。第1分類の結果で処分が決定した39,395人のうち，免許断念は65.2%（免許失効14.6%，自主返納45.5%，免許取り消し等5.0%）である。

質問6：認知機能検査を受けて第2分類（認知機能低下の恐れ），第3分類（認知機能

低下の恐れなし）と判定された75歳以上の高齢運転者の事故リスクは低いか？
回答6：認知機能が低下している人だけでなく正常な人の中にも事故リスクが高い人が存在する。彼らをどのようにして特定し，その運転能力の確認を行うか，引き続き検討を進める必要がある。

質問7：運転免許の自主返納による申請取消の件数は？
回答7：平成24年：117,613人，平成29年：423,800人，令和元年度：601,022人と増加している。

質問8：自主返納で交通移動などの支援はあるか？
回答8：運転免許を返納した方は，「運転経歴証明書」を申請することができる。「運転経歴証明書」を提示することにより，高齢者運転免許自主返納サポート協議会の加盟店などで，様々な特典を受けることができる。交通では，一部の地域のタクシー会社のタクシーで，乗車料金10％割引がある。

引用文献
警察庁「第5回 高齢者の移動手段の確保に関する検討会　説明資料　平成30年4月25日」上記の質問1，2，3，4，7の回答として引用
　　〈https://www.mlit.go.jp/common/001233746.pdf〉（参照日：2021年2月17日）
警視庁「防ごう！高齢者の交通事故！」 上記の質問4の回答として引用
　　〈https://www.keishicho.metro.tokyo.jp/smph/kotsu/jikoboshi/koreisha/koreijiko.html〉（参照日：2019年12月20日）
平成30年度 警察庁事業「「高齢運転者交通事故防止対策に関する提言」の具体化に向けた調査研究に係る認知機能と安全運転の関係に関する調査研究」 上記の質問5，6の回答として引用
　　〈https://www.npa.go.jp/koutsuu/kikaku/koureiunten/menkyoseido-bunkakai/cognitivef/cognitivef_report.pdf〉（参照日：2021年2月17日）
警視庁「運転免許統計令和元年版」 上記の質問7の回答として引用
　　〈https://www.npa.go.jp/publications/statistics/koutsuu/menkyo/r01/r01_main.pdf〉（参照日：2021年2月17日）
警視庁「運転免許の自主返納をサポート」 上記の質問8の回答として引用
　　〈https://www.keishicho.metro.tokyo.jp/kotsu/jikoboshi/koreisha/shomeisho/henno.html〉（参照日：2021年2月17日）

練習問題

11-2　4.3節の技法と本節の表11.2を参考にして，10.2節で設定したレポート仮題目に関して疑問の連鎖で思考を深めましょう。

11.3　マインドマップ

　4.1節で述べたように，マインドマップは，テーマに関する発想法や文献情

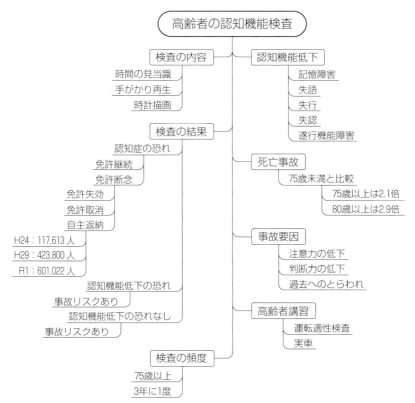

図11.1　レポート仮題目に関するマインドマップ

報の整理法など多様な目的で活用される。4.1節の図4.1では，テーマ「超高齢
社会での活性化」について，実現可能と考えられる多様な分野での発想をマイ
ンドマップにまとめた。本節では，レポート仮題目について整理法として，マ
インドマップを使って，10章で作成した読解内容，11.1節の10個の質問＆回答，
11.2節の疑問の連鎖で作成した内容をまとめる。図11.1は，マインドマップを
使って，表10.1～表10.4，表11.1～表11.2の内容を整理したものである。なお，
図11.1の作成にはEdraw社のフリーウェア「MindMaster」を活用した。

練習問題

11-3　4.1節の技法と本節の図11.1を参考にして，10.2節で設定したレポート

仮題目に関してマインドマップで思考を深めましょう。

11.4　レポート題目の決定

　10.2節で決めたレポート仮題目と，以降の10章での文献読解，11.1節〜11.3節での多角的思考を参考にして，レポート題目を決定する。ただし，レポートの作成過程を通じて，レポート題目を一部修正してもよい。本書では，以下のレポート題目に決定する。10.2節のレポート仮題目と比較して，「…の毎年実施化」の表現が加筆されて焦点が絞られている。

　レポート題目：「高齢運転者の認知機能検査の毎年実施化」

練習問題

11- 4　10.2節の練習問題で決めたレポート仮題目と，以降の10章での文献読解，11.1節，11.2節での多角的思考の練習問題で作成した内容を参考にして，レポート題目を決定しましょう。

11- 5　表1.2を参考に，本章の振り返りシートを作成しましょう。

レポート題目に関する論理構造の表現

①帰納法と演繹法を使って，レポート題目の主張の論理構造を表現できる。
②ロジックツリーを使って，レポート題目の主張の論理構造を表現できる。
③マトリクス図表を使って，レポート題目の主張の論理構造を表現できる。
④プロセス図を使って，レポート題目の主張の論理構造を表現できる。

　レポート全体の論理構造を図表で表現すると，筋道立ててレポートを作成しやすくなり，また読み手も的確に理解できる。本章では，帰納法と演繹法，ロジックツリー，マトリクス図表，プロセス図の４つのロジカルシンキング技法を使って，決定したレポート題目での筆者の主張について論理構造を表現する。

12.1　帰納法と演繹法

　本節では，５章の帰納法と演繹法を使って，レポート題目について論理構造を表現する。5.4節で，帰納法により構築した仮説を一般論とみなして，演繹法により事例から結論を導いた。図12.1は，帰納法により75歳以上で認知機能検査を毎年実施に向けた制度改正の重要性を提起し，その実施により75歳以上の高齢運転者の事故リスクが低減することを演繹法で導いたものである。

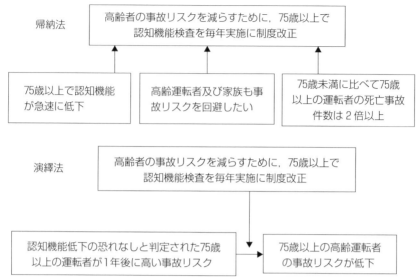

図12.1　レポート題目に関する帰納法と演繹法の併用の例

練習問題

12-1　11.4節の練習問題で決定した題目について，レポートで主張したい内容に関して帰納法，演繹法の一方，あるいは併用して作成しましょう。

12.2　ロジックツリー

　本節では，6章のロジックツリーを使って，レポート題目について論理構造を表現する。6.2節~6.4節ではロジックツリーとして，構造把握のWHATツリー，原因分析のWHYツリー，問題解決のHOWツリーを説明した。図12.2~図12.4はそれぞれ，認知機能低下の内容をWHATツリーで構造把握し，認知機能検査が必要な理由をWHYツリーで原因分析し，認知機能検査の方法をHOWツリーで説明したものである。

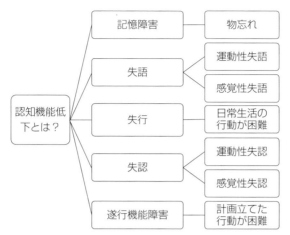

図12.2　レポート題目に関するWHATツリーの例

引用文献：健康長寿ネット「認知機能低下」
〈https://www.tyojyu.or.jp/net/byouki/rounensei/ninchi-kinoou-
teika.html〉（参照日：2021年2月17日）

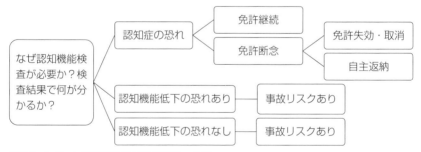

図12.3　レポート題目に関するWHYツリーの例

引用文献：警視庁「認知機能検査について」
〈https://www.npa.go.jp/policies/application/license_renewal/ninchi.html〉（参照日：2021年2月17日）

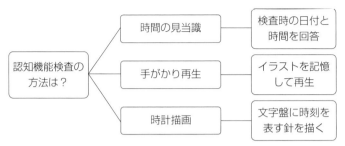

図12.4　レポート題目に関するHOWツリーの例

引用文献：警視庁「認知機能検査について」
〈https://www.npa.go.jp/policies/application/license_renewal/ninchi.html〉（参
照日：2021年2月17日）

練習問題

12-2　11.4節の練習問題で決定した題目について，レポートで主張したい内
　　　容に関してWHATツリー，WHYツリー，HOWツリーのいずれか1
　　　つで，あるいは2つ以上を作成しましょう。

12.3　マトリクス図表

　本節では，7章のマトリクス図表を使って，レポート題目について論理構造
を表現する。7.2節では，行列のマトリクス表や縦横のポジショニングマップ
を説明した。表12.1は，75歳以上の免許更新時の認知機能検査について，現状
の3年に1回実施と，レポートで提起している毎年実施で，利点と問題点を比
較したマトリクス表である。

表12.1　レポート題目でのマトリクス表

	3年に1回実施（現状）	毎年実施（レポートで提起）
利点	・検査コストが低い ・高齢者の検査の負担が小さい	・認知機能を毎年確認できる ・それに伴い，高齢者講習，免許取消など適切な対処が可能 ・それに伴い，事故リスクを軽減できる
問題点	・検査後の2年間の認知機能状態を把握できない ・それに伴い，事故リスクが高くなる	・検査コストが大きい ・高齢者の検査の負担が大きい

12-3　11.4節の練習問題で決定した題目について，レポートで主張したい内容に関してマトリクス図表を作成しましょう。

12.4　プロセス図

本節では，8章のプロセス図を使って，レポート題目について論理構造を表現する。図12.3は，75歳以上の免許更新時の認知機能検査について，(a) 現状の3年に1回実施による高齢運転者の認知機能の状況が不確かなことで起こる事故リスクの上昇と，(b) レポートでの提起による高齢運転者の事故防止を比較して説明したプロセス図である。(a)(b) ともに76歳で認知機能低下の恐れが生じた場合，(a) では検査結果がないため運転継続が多く，事故リスクが年々高まる。そして，3年後の78歳の検査結果で初めて，たとえば認知症の恐れと診断された場合に自主返納など適切に対応できる。一方，(b) では76歳で検査結果が出るため，たとえば自主返納などの適切な対応により事故リスクを回避できる。

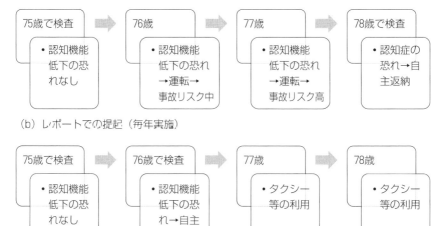

(a) 現状（3年に1回）

75歳で検査	76歳	77歳	78歳で検査
・認知機能低下の恐れなし	・認知機能低下の恐れ→運転→事故リスク中	・認知機能低下の恐れ→運転→事故リスク高	・認知症の恐れ→自主返納

(b) レポートでの提起（毎年実施）

75歳で検査	76歳で検査	77歳	78歳
・認知機能低下の恐れなし	・認知機能低下の恐れ→自主返納	・タクシー等の利用	・タクシー等の利用

図12.3　レポート題目でのプロセス図

練習問題

12-4 11.4節の練習問題で決定した題目について，レポートで主張したい内容に関してプロセス図を作成しましょう。

12-5 表1.2を参考に，本章の振り返りシートを作成しましょう。

レポートの作成と推敲

本章の目標
①文献読解，思考してまとめた内容を活用して，レポートを作成できる。
②サンプルレポートを参考にして，レポートを作成できる。
③作成したレポートを複数回推敲して，その改善につなげることができる。

本章のあらすじ
　10章〜12章で，レポートのテーマ，題目について，ロジカルシンキングの技法を使って情報収集し，文献読解，思考してまとめてきた。本章では，これらの内容をレポートに盛り込んでレポートを作成する。また，作成後に複数回の推敲を経て，レポートを完成させる。

13.1　レポートの作成

　9.1節で提示された要綱に基づき，第Ⅰ部の技法を活用し，情報収集して文献を読解し，レポート題目を設定して思考を深め，論理構造を表現した。本章では，9章〜12章での練習問題で作成した内容を使ってレポートを作成する。

　各節の練習問題で作成した内容を何度も読み直して，できるだけ多くの内容をレポートに含められるとよい。作成内容のレポートへの含め方は，たとえば以下のように多様である。

　・作成内容をそのまま入れる。

　・作成内容を加筆修正して入れる。

　・さらに情報収集して，新たな情報をレポートに加筆して入れる。

　・複数の作成内容を統合して1つにまとめて入れる。

　表13.1は，11.4節のレポート題目で９章〜12章で説明した文章例を加筆修正して作成したサンプルレポートである。各節の図表として作成した文章例を，サンプルレポートのどの箇所に入れたか分かるように傍線部分により記載している。ただし，これは１つのサンプルであり，とらわれすぎずに参考程度にしてレポート作成するのがよい。９章〜12章の各節の練習問題で作成した内容を，もっと創意工夫して異なる入れ方をすることで，さらに論理的で創造的なレポートになる。

表13.1　サンプルレポート

高齢運転者の認知機能検査の毎年実施化　←11.4節

学生証番号　氏名

序論

　現代，超高齢社会であり，今後いっそう高齢化が進む。高齢社会白書によれば，65歳以上の人口比率は，2018年で28.1%に対して，2065年には38.4%，約2.6人に１人が65歳以上，約3.9人に１人が75歳以上に達すると推計されている。　←表10.1

　超高齢社会が進む中，高齢運転者の交通事故が大きな社会問題になっている。警視庁①のホームページによれば，平成21年度から平成30年度にかけて，高齢運転者の交通事故件数は6,883件から5,800件と低下しているが，交通事故全体に占める高齢運転者の割合は12.2%から18.0%と増加している。　←表11.2

　警視庁①のホームページによれば，高齢運転者の特徴として，「注意力や集中力が低下」「瞬間的な判断力が低下」「過去の経験にとらわれる傾向」「加齢に伴う動体視力の衰えや反応時間の遅れ」などが指摘されている。こうした加齢による認知機能の低下から，警視庁②のホームページによれば，75歳以上の高齢者は認知機能検査を受ける義務が設けられている。適性検査で不適合の場合，訓練等により適合になるまで一時的に運転免許停止される。免許更新は３年に１回のため，認知機能検査も３年に１回が義務となっている。しかし，３年間で急速に認知機能が低下し，交通事故を引き起こすリスクも大きい。　←表11.1，新たな情報収集

　そこで本論では，75歳以上の認知機能検査の実施方法に関する改善策を提起する。　←11.4節

本論

　筆者は，75歳以上の運転者は，現状の３年に１度ではなく，毎年の認知機能検査を義務づけるよう，法改正を行う必要があると考える。図１は，75歳以上の免許更新時の認知機能検査について，（a）現状の３年に１回実施による高齢運転者の認知機能の状況が不確かなことで起こる事故リスクの上昇と，（b）レポートでの提起による高齢運転者の事故防止を比較して説明したプロセス図である。　←11.4節

　高齢社会白書によれば，平均寿命は，2017年で男性81.09年，女性87.26年，2065 年で男性84.95年，女性91.35年となる。図１（a）のように，３年に１度の認知機能検査の場合，75歳以降，検査に合格後の１，２年間で認知機能が急速に低下する高齢運転者が出てくるリスクが高い。運転に適した認知機能を有していない高齢者が一定割合

いると推測される。高齢者自身で認知機能低下に気づかず，または気づいていても運転してしまうことが多く，事故リスクが高まる。しかし，図1（b）のように，75歳以上の運転者は法律により毎年の認知機能検査を義務づけ，社会的な強制力を持たせることで，事故リスクの高い高齢運転者の事故を防ぐことができる。　←表10.4，表11.1，図12.3

　　　　図1　レポート題目でのプロセス図　←図12.3

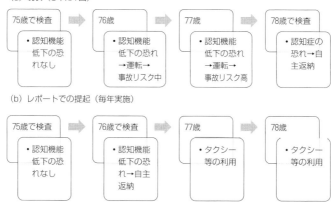

（a）現状（3年に1回）

75歳で検査	76歳	77歳	78歳で検査
・認知機能低下の恐れなし	・認知機能低下の恐れ→運転→事故リスク中	・認知機能低下の恐れ→運転→事故リスク高	・認知症の恐れ→自主返納

（b）レポートでの提起（毎年実施）

75歳で検査	76歳で検査	77歳	78歳
・認知機能低下の恐れなし	・認知機能低下の恐れ→自主返納	・タクシー等の利用	・タクシー等の利用

　一方，75歳以上の高齢者ですべてに運転免許停止は，認知機能が健常で適正に運転できる高齢者も一方で多く，合理的でない。たとえば高齢による認知機能低下の理由で，90歳以上から運転免許停止などの制度も適正ではなく，認知機能が適正であれば何歳になっても運転を法的に認めることが適正である。ただし，現状のように，認知機能検査で合格であっても高齢等の理由で運転に自信が持てない運転者は，事故リスクを回避するために自主返納することは適正である。　←筆者の意見の加筆

　ただし，認知機能検査の不合格，あるいは自主返納により，高齢運転者が運転できなくなった場合，高齢者の交通手段をいかに確保するかという深刻な問題が残る。特に，電車はバス等が広く普及していない地方で，大きな問題になる。行政の補助金等で，電車，タクシーやバス等の乗車に関して経済的支援を行うことも考えられるが，それだけでは解決しえない。この問題は，高齢者だけの問題ではなく，国・地方の行政，企業，家庭，地域住民など，社会全体で考えて解決していくべきである。　←筆者の意見の加筆

結論

　高齢運転者の事故リスクを低下させるために，75歳以上の運転者に毎年の認知機能検査を義務づけ，不適性の結果であれば運転免許停止にする。この認知機能検査の毎年実施に制度変更により，高齢者の交通事故率の低下につながると予測する。こうした制度化が，交通事故の被害者だけではなく，交通事故を起こしやすい高齢者の双方の不幸を未然に防ぐことにつながる。　←本論での主張のまとめ

　ただし，運転できなくなった高齢者の移動手段の確保は，行政，企業，地域，家庭など多方面での支援体制により検討していくべき問題であり，大きな社会問題として残る。　←本論での今後の検討点のまとめ

引用文献
警視庁① 「防ごう！高齢者の交通事故！」
　　　https://www.keishicho.metro.tokyo.jp/smph/kotsu/jikoboshi/koreisha/
　　　koreijiko.html　（参照日：2019年12月20日）
警視庁② 「認知機能検査と高齢者講習（75歳以上の方の免許更新）」
　　　https://www.keishicho.metro.tokyo.jp/smph/menkyo/koshu/koshu/
　　　over75.html　（参照日：2019年11月22日）
令和元年度版 高齢社会白書の「第1章　高齢化の状況」
　　　https://www8.cao.go.jp/kourei/whitepaper/w-2019/zenbun/01pdf_
　　　index.html　（参照日：2020年12月21日）

練習問題

13-1　9.1節のレポート作成の要綱で，11.4節のレポート題目で，9章～12章で作成した練習問題の内容を使って，レポート作成しましょう。

13.2　レポートの推敲

　13.1節で作成し終えたレポートを，すぐに授業担当教員に提出してはいけない。必ず複数回の推敲が必要である。レポートは推敲により大幅に改善する。たとえば，1回目で気づかなかった改善点に2回目で気づくなど，推敲は回を重ねるにつれて精緻さが高まる。そのため，推敲は3回以上がよい。以下は推敲のポイントである。

・さらに分かりやすい，読みやすい表現に修正する。

・適切な位置に読点「，」を入れる。

・長文を短文にする。

・各段落で，1つの趣旨がさらに理解しやすい内容，表現にする。

・図解をさらに分かりやすい，納得しやすい表現に修正する。

・引用として情報収集して，さらに的確な文章や画像，図表を入れる。

・レポート全体で，筆者の主張がより説得的に，論理的に伝わる表現にする。

・各節の練習問題で作成した内容をさらにレポートに入れる。

　推敲を何度も繰り返すことで，改善点がさらに増えて，より評価の高いレポー

トに進展する。推敲は，自分の思考の仕方，論理の組み立て方，文章表現，図
解表現などの特徴を再認識することにもつながる。レポート数を増やすより，
推敲回数を増やすほうが，レポート作成の上達につながりやすい。提出締め切
りの許す範囲で，推敲に時間を費やすのがよい。

練習問題

13-2　13.1節で作成したレポート（推敲前）を残してコピー＆貼り付けして，
　　　本節で述べたように3回以上の推敲を終えたレポート（推敲後）の2
　　　つをファイル保存しましょう。

13-3　練習問題13-1，13-2で保存した，推敲前と推敲後のレポートを比
　　　較して，改善された点について100文字以上で作成しましょう。

13.3　自己採点

　9.3節の評価観点表は，授業担当教員がレポート評価する際に活用するだけ
ではなく，学生が自分で作成したレポートをセルフチェックで確認する際にも
活用できる。13.2節で作成した推敲後レポートを，評価観点表を使って自己採
点する。自己採点で低い評価観点があった場合，その観点の評価が高まるよう
に情報収集や加筆修正などさらなる推敲がよい。

　当然ながら，完成したレポートを期限内に遅れずに忘れずに提出することが
肝要である。

練習問題

13-4　自分で作成した推敲後レポートについて，9.3節の評価観点表で自己採
　　　点しましょう。

13-5　レポートの改善点など，自己採点して気づいた点を100文字以上で作
　　　成しましょう。

13-6　表1.2を参考に，本章の振り返りシートを作成しましょう。

14

レポートの共有と発表

本章の目標

①他者のレポートを参照し，参考になった技法や活用法をコメントできる。

②自分の作成したレポートを，分かりやすく他者に口頭発表できる。

③他者の発表を聞いて，質問やコメントできる。

本章のあらすじ

　同じテーマで作成した他者のレポートを参照することは，多くの点で参考になる。また，自分のレポートを口頭発表することにより，自分の主張の重要性を再認識したり，視聴者からのコメントを受けたりできる。本章では，自分のレポートを口頭発表し，他者のレポートを参照し合う。

14.1　レポートの共有

　授業担当教員は，受講生が作成した全レポートを匿名で 1 つの pdf ファイルにして，受講生が参照する。あるいは，受講生どうしでレポートを交換し合う。共有の意義は，たとえば以下のとおりである。

　・他者に読まれることを意識して，レポートをしっかりと作成する動機づけにつながる。

　・他者のレポートを評価することで，批評的にレポートを読む練習になる。

　・メンバーのレポートの工夫点や問題点，自分のレポートの出来などを認識し，今後のレポート作成の参考にできる。

　他者のレポートを読む際，以下の 3 点に着眼するとよい。うまく作成できていると判断したレポートがあれば，自分のレポートに活かせる部分がないか考

える。一方，うまく書けていないと判断したレポートがあれば，自分のレポートで同様の箇所がないか考える。

①**レポート題目**：9.1節のレポート課題の要綱で記載されたレポートテーマに対して，どのような題目があるか参考にする。

②**主張と根拠**：筆者の主張と根拠は何かを理解し，また根拠は妥当であるかを考える。

③**ロジカルシンキング技法の活用**：10章〜12章の練習問題で作成した内容を，レポートでどのように活用しているかを確認する。

14.2　レポートの発表

対面またはオンラインで，4〜5人で1グループとなり，受講生が1人ずつレポートを口頭で発表する。グループ内で質疑応答しあい，その内容をコメント用紙に記入する。グループメンバーは，14.1節で述べた受講生の全レポートを参照しながら発表を視聴するとよい。

練習問題

14-1　グループ発表しあった際の，各グループメンバーの発表に対するコメントを個別に作成しましょう。

14-2　受講生のレポートを読んで，またグループ発表を視聴して，参考になった点を200文字以上で作成しましょう。

14-3　表1.2を参考に，本章の振り返りシートを作成しましょう。

15

レポート評価結果の活用

本章の目標

①提出レポートについて，授業担当教員の評価と自己評価を比較して活用できる。

②授業担当教員の添削やコメントに基づき，推敲の一環でレポートを加筆修正できる。

本章のあらすじ

　履修科目でのロジカルシンキング技法やその活用の学修は，レポートや科目の成績を高めることが最大の目的ではない。科目履修を通じて，履修後のレポート作成能力を高めることが重要となる。授業担当教員による評価がある場合，13.2節の推敲の一環で，その評価をしっかり読んでレポートを加筆修正するのがよい。本章では，授業担当教員から通常フィードバックされる，レポートの評価と添削の活用について述べる。独学の読者の方は，周囲の詳しい人に添削，コメント，評価してもらえるとよい。

15.1　レポートの教員評価と自己評価の比較

　9.2節でレポート作成前に評価観点が明示され，13.3で授業担当教員への提出前に推敲後レポートを自己評価した。この自己評価と，授業担当教員から返却された評価を比較検証するとよい。表15.1は，レポートに関する教員評価と自己評価のマトリクス表である。各象限の評価結果となった要因を自己分析して，より高い評価を目指したり改善したりするための学修行動を今後とることがよい。

表15.1　レポートに関する教員評価と自己評価のマトリクス表

教員評価

		高い	低い
自己評価	高い	しっかり作成できた要因分析	過大評価の要因分析
	低い	過小評価の要因分析	しっかり作成できなかった要因分析

15.2　レポートの添削部分の加筆修正

　授業担当教員の添削・コメントを読んで，より適切な文章表現や論理構造を理解することは重要である。しかし，読むだけでは理解にとどまり，添削部分に関して今後のレポートで適切に作成できないかもしれない。今後，似たような状況でレポート作成する際，添削された箇所の記憶は残っておらず，以前と同様の文章表現となり，以前と同様の添削を受ける可能性もある。そのため，授業担当教員による添削箇所やコメントに基づき，レポートを加筆修正するのがよい。この加筆修正の作業も，13.2節の推敲の一環である。しかも，自分だけでは気づかなかった点を推敲できるため，その効果は大きい。

練習問題

15-1　提出レポートについて，13.3節の自己評価と本節の教員評価を比較して，参考になった点を100文字以上で作成しましょう。

15-2　授業担当教員による添削，コメントを参考に，提出済みのレポートを推敲しましょう。また，推敲したレポートと，提出済みのレポートを比較して，改善された点を100文字以上で作成しましょう。

15-3　表1.2を参考に，本章の振り返りシートを作成しましょう。

16

本書のまとめ

本章の目標

①各章の練習問題で作成した内容を振り返り，各章の要点を再認識できる。
②各章の振り返りシートで作成した内容を振り返り，本書で学んだことを認識
できる。

本章のあらすじ

　本章は本書の最終章である。本章では，本書の各章で修得したロジカルシンキング技法や，そのレポートへの活用について振り返り，技法と活用力を修得できたかどうか確認する。

16.1　練習問題の取り組み内容の参照

　第1章～第15章の練習問題で作成した内容をすべて参照し，各章の要点を再認識する。少し忘れ気味の章，特に今後のレポート作成等に使えそうな章は，本書の該当の章を一読する。練習問題で作成した内容を，さらに加筆修正して改善を加えるのも大変よい。

16.2　振り返りシートの参照

　第1章～第15章の各章の振り返りで作成した内容をすべて参照し，本書での学び過程を認識する。1.6節の表1.2で，第1章のガイダンスの振り返りシートの作成例を示した。表16.1は，第1章～第15章の全体の振り返り例である。16.1節で教科書の内容を振り返り，本節で学修者である自分が教科書の内容をいかに受け止めて学修につなげたかの自己変容を確認できる。

表16.1　本書全体の振り返りの例

章	取り組み内容	修得内容，気づき，疑問，質問など
1		
…		
16		
本書全体の振り返り	授業の前半（第2〜8回）では，ロジカルシンキングの技法を中心に学んだ。また，技法を使った演習課題も行い，理解を深めた。そして，毎回振り返りシートも作成した。授業の後半（第9〜14回）では，これまで学んだ技法の復習を行い，技法がどのようなものなのかを思い出した。また，技法をレポート作成に活用し，実践場面での技法の活用力をつけた。そして，毎回振り返りシートを作成した。	この授業では，様々な技法を学べることをとても楽しみにしていたので，受講できてよかったです。技法の活用は数をこなすことによって，よりスムーズになることが分かりました。自力で最終レポートを仕上げられるのか不安でしたが，無事に完成できて安心しました。また，Zoomでの発表もうまくできるか心配でしたが，スムーズにできてよかったです。オンラインという環境下でも，他の受講生の方とのコミュニケーションをはかることもできたので，とてもよい経験になりました。この授業での学びを，卒論に活かしていきたいと思います。

（許諾を得て学生レポートを本書に掲載）

16.3　まとめ

　本書の全章を一読して練習問題に取り組むことで，ロジカルシンキングの技法と活用力を一通り修得できる。しかし，一読だけでは，ロジカルシンキングの技法を明示的に使うように指示された場合には活用できても，レポート等で必要時に主体的に活用できるようにならないかもしれない。そのためには，本書の全章の一読と練習問題の取り組みの後，本書の必要箇所をその都度読んで，思考して，活用を続けることが肝要である。ロジカルシンキングに限らないが，何事においても技法と活用力の修得の早道は，地道な反復練習である。本書の反復練習を通じて，ロジカルシンキングの技法を必要時に的確に活用できるようになった後は，より難しい問題解決に取り組めるように，さらに高度なロジカルシンキング技法と活用力の修得を目指すのがよい。

練習問題

16-1　第1章〜第15章までの練習問題の取り組み内容および振り返りシートを参照し，本節の表16.1を参考に振り返りシートを作成しましょう。

引用文献

CiNii
　　〈https://ci.nii.ac.jp/〉（参照日：2021年2月16日）
データサイエンス・オンライン講座「誰でも使える統計オープンデータ」
　　〈https://gacco.org/stat-japan 3 /〉（参照日：2021年2月15日）
今井 信行（2018）．『ロジカル・シンキングがよくわかる本』 秀和システム
苅谷 剛彦（2002）．『知的複眼思考法』 講談社＋α文庫 講談社
日経BP記事検索サービス（アカデミック版）
　　〈https://bizboard.nikkeibp.co.jp/academic/〉（参照日：2021年2月16日）
野矢 茂樹（2017）．『大人のための国語ゼミ』 山川出版社
酒井 浩二（2008）．『論理性を鍛えるレポートの書き方』 ナカニシヤ出版
政府統計の総合窓口「e-Stat」
　　〈https://www.e-stat.go.jp/〉（参照日：2021年2月15日）
首相官邸「資料集」の「白書」
　　〈http://www.kantei.go.jp/jp//hakusyo/〉（参照日：2021年2月12日）
柳井 正（2010）．「安全・安定は，停滞・衰退に同じ。危機意識こそが企業を成長さ
　　せる原動力」『日本の論点2010』（pp.328-331）文藝春秋
ウィリアム・リード（2005）．『マインドマップ・ノート術』 フォレスト出版

おわりに

　「はじめに」で書いたとおり，筆者は大学2・3年生科目として「ロジカルシンキング」を5年間，授業担当してきた。その授業資料をアレンジすることで，ロジカルシンキングの教科書として活用いただきたいと考えて本書を執筆した。取り上げたロジカルシンキングの技法は基礎的で，レポートに活用しやすいものに限定した。たとえば，ピラミッドストラクチャーはロジカルシンキングの文献では必須ともいえる基礎的な技法であるが，レポートへの活用が少し難しいため本書では割愛した。本書の技法を完全にレポート等に活用できるまでに修得した後は，より高度なロジカルシンキング技法の修得に励んでいただきたい。

　的確に情報収集して読解し，その内容を深く思考して問題発見・解決や提案，創造につなげるロジカルシンキングが，あらゆる学問分野での研究に必須となる。ロジカルシンキングを理解し実践することで，専門分野の科目の受講内容，文献読解の内容，思考内容が広く深くなる。その結果，レポート等の成果物の水準も高まり，大学での成績も向上する。本書の技法をしっかり身につけて，ぜひレポート作成等に活用し続けて，大学での専門課程の学修力を高め，大学3年生以降の専門研究力の向上につなげていただきたいと考えている。

　本書は，レポートという成果物に限定してロジカルシンキングの活用について説明した。しかし，成果物はレポートだけではなく，たとえばプレゼンテーションや実習系のパフォーマンスもある。本書の第I部の技法を，レポート以外の成果物でも活用いただきたいと考えている。また，図1.1に示したように，成果物を他者に提示する際は，報告者のロジカルシンキングだけではなく，感情・感性も重要となる。成果物を他者に分かりやすく伝えたい，理解してもらいたい，よりよいものにしてもらいたいと思う感情・感性が，ロジカルシンキングの能力を高め，よりよい成果物を生み出すうえで決定的に重要になる。本

書は，レポートへの活用という，非常に汎用的で重要な活用場面ではあるものの，ロジカルシンキングのほんの一側面を説明した。関心のある読者は，本書を発端としてロジカルシンキングのさらなる活用や人の知能との関連を探求していただきたいと考えている。

　本書の出版にあたり，編集長の宍倉由高氏には大変お世話になり，心より御礼申し上げる。また，課題提出レポートを本書に掲載することに快諾頂いた学生に感謝する次第である。

索　引

【著者紹介】

酒井　浩二（さかい こうじ）

京都大学博士（情報学）

京都大学大学院情報学研究科博士後期課程修了（2000年）

京都光華女子大学キャリア形成学部教授

主著に

論理性を鍛えるレポートの書き方　ナカニシヤ出版（2009年）

今すぐ実践！Excelで感性的評価 AHPとその実践例　ナカニシヤ出版（2008年）

今すぐ体験！パソコンで認知心理学実験　ナカニシヤ出版（2007年）

など

伝わる！ロジカル文章術

レポートの質を極める

2021年10月10日　　初版第 1 刷発行	（定価はカヴァーに 表示してあります）

著　者　酒井浩二

発行者　中西　良

発行所　株式会社ナカニシヤ出版

〒606-8161　京都市左京区一乗寺木ノ本町15番地

Telephone　075-723-0111

Facsimile　075-723-0095

Website　http://www.nakanishiya.co.jp/

Email　iihon-ippai@nakanishiya.co.jp

郵便振替　01030-0-13128

装幀＝白沢　正／印刷・製本－西濃印刷㈱

Copyright © 2021 by Koji SAKAI

Printed in Japan

ISBN978-4-7795-1566-8 C3011

CiNii は国立情報学研究所（NII：National institute of informatics）が運営する学術論文や図書・雑誌などの学術情報データベースです。

e-Stat は，日本の統計が閲覧できる日本政府統計ポータルサイトです

Excel は米国に本社を置く Microsoft 社が開発した表計算のソフトウエアです。

MindMaster は Edward 社が開発したマインドマップ作製用のソフトウエアです。

その他，各々個々には商標登録がなされているものもありますが，本書では®の記載を省いております。